富足險中求

林昶恆 著

商務印書館

富足險中求

作　　者：林昶恆

責任編輯：甄梓祺

封面設計：涂　慧

出　　版：商務印書館（香港）有限公司
　　　　　香港筲箕灣耀興道 3 號東滙廣場 8 樓
　　　　　http://www.commercialpress.com.hk

發　　行：香港聯合書刊物流有限公司
　　　　　香港新界荃灣德士古道 220-248 號荃灣工業中心 16 樓

印　　刷：美雅印刷製本有限公司
　　　　　九龍觀塘榮業街 6 號海濱工業大廈 4 樓 A

版　　次：2021 年 5 月第 1 版第 1 次印刷
　　　　　© 2021 商務印書館（香港）有限公司
　　　　　ISBN 978 962 07 6656 5
　　　　　Printed in Hong Kong

目錄

自序

　　一般人都喜歡追求回報及資產增值，因此股票及物業是最常有興趣了解的資產類別。然而，在理財的範疇中，理財金字塔是最基本及重要的概念，而金字塔的最底層便是風險管理及應急資金。假如只追求回報及資產增值，忽略了利用個人保險產品來管理風險，等同於在浮沙上建樓，無論有多高多宏偉，當根基不穩時，所有努力都會白費。

　　這本是我第九本著作，是在很特別的全球疫情大爆發的環境下寫成，也是我在 12 個月內完成的第二本著作。

　　本來完成了上一本家庭理財著作時已決定暫停寫作，專注在其他事業項目上。但當商務印書館編輯邀請我寫一本有關個人保險規劃書籍時，又令我改變初衷。原因是在我已出版的理財著作系列中，已包含親子理財、女性理財、投資、退休規劃及家庭理財，尚算全面。雖然每本都有談到保險，但卻沒有一本是針對性分享如何利用不同保險方案規劃人生的著作。作為曾在多家知名保險公司工作十多年的業內人士，我亦有責任將正確保險規劃概念

帶給大眾。

　　我希望透過這本保險規劃著作，令讀者明白管好個人風險，才能令財富穩步增值；而忽略了風險，難有美好人生！

　　最後我亦在此感激商務印書館編輯 Kelvin 的邀請。雖然每天在家工作 WFH，但都是埋頭苦幹，感謝家人 Grace、Sofia 及 Argus 對我的忍耐及支持。

林昶恆（Alvin Lam）

因要確保將最適當的保險產品知識及概念分享給大家，
所以我亦參考了不少家中藏書。我在此列出參考過的
書籍，好讓大家有興趣再進一步了解時，也能夠有更多
參考資源。雖然不是最新版本，但人類對保險的需求
不會受時間影響。

○　　○　　○

參考書籍

1. Jr. Beam, Burton T., Barbara S. Poole, David L. Bickelhaupt and Robert M. Crowe. *Fundamentals of Insurance for Financial Planning, Fourth Edition.*

2. George E. Rejda. *Principles of Risk Management and Insurance, 8th Edition.* Addison-Wesley Series in Finance.

3. Emmett J. Vaughan and Therese M. Vaughan. *Fundamentals of Risk and Insurance, 9th Edition.*

4. Barbara Foxenberger Brown and Jane Lightcap Brown. *Life and Health Insurance Underwriting.*

5. Kenneth Black JR. and Harold D. Skipper, JR. *Life & Health Insurance, 13th Edition.*

6. 林昶恆，《富足家庭 ABC》、《四桶金投資快上手》、《四桶金富足退休指南》。

第一章

避無可避
的風險

風險既是客觀分析的科學，也是主觀的個人想法。

本章會與大家分享一般人在不同人生階段需要面對的風險，也會分享導致我們對風險的看法及處理出現偏差的原因。

透過本章，期望讀者能夠明白世事沒有絕對，風險卻是無可避免，所以最重要是怎樣去管理風險。

風險是有關損失發生的可能性，近年全球金融市場大幅波動，相信置身其中的人必然深深體會到甚麼是風險，甚麼是想也沒想過但又會發生的處境。但話說回來，假如投資前能先評估個人的風險承受能力，適當地配置資產，投資風險是可以降低，甚至是避開的；有些人生風險則是必須面對，當中分別只是甚麼時候及甚麼程度而已。

1.1 人生的四類風險

一般常說的人生風險便是「生、老、病、死」，這同時是常見的人生階段。

「生」的風險

「生」的風險和生育有關，不單是胎兒要面對，準母親亦一樣有很大的風險。懷胎十月期間，每分每秒都有風險，可能是患病或意外，亦可能和身體及心理有關，就像懷孕時發生了疫情，令孕婦及胎兒的風險都進一步增加。另一方面，就算外在環境如何理想，亦難以保證孩子必然能夠健康地出生，因為很多先天問題可能導致胎兒出現異常。

生育問題導致風險增加可歸因於趨勢。與以往比較，今天不少亞洲國家，包括日本和新加坡，以及華人社會，普遍都推遲結婚年齡，亦導致生育年齡順延。不少醫學研究都提及，若生孩子的父母親年齡提高，孩子健康出現問題的風險便會增加。到出生後才發現，亦不可以重新選擇是否懷孕，一家人只可以努力面對。

「老」的風險

人生階段中「老」的風險，源自人口老化趨勢持續。以往長命

百歲是一種恭賀長輩能夠長壽和生活愉快的說話，但時至今日，100 歲並非很難達到的目標。根據政府統計處資料，本港 100 歲或以上的人瑞數字，由 1986 年的 266 人增加至 2016 年的 3,645 多人，30 年間的增幅是 13 倍。雖然人數相對總人口仍然只是一個小數，但趨勢形成後，難保當大家活到七八十歲時，變成一個常態。當然長壽不是風險，但沒有資源應付生活需要卻明顯是一個問題。

既然普遍壽命延長了，又可否延長工作年期，令大家可以有更長時間累積收入，為將來準備，減少退休後出現的風險呢？這問題牽涉到政府的政策，整體資源運用及經濟發展等的問題，目前看到的現象是 60 多歲而仍然在工作的人士，主要都是一些基層工作為主，例如從事體力勞動的清潔、運輸和飲食業等等。香港暫時沒有法例要求僱主聘用踏入退休年齡的員工，所以大眾面對的風險是有機會因社會發展及經濟問題而更早脫離勞動人口行列，需要提早面對退休，但資源卻嚴重不足。這種風險難以依靠政府幫忙改善，只能自求多福。

「病」的風險

擁有花不完的金錢都不代表能夠快樂地渡過人生，因為「病」的風險不受年齡限制，而患病不單影響患者的身體狀況、財政和情緒，連他的親友也同樣受影響。

今天醫學發達，令「絕症」減少，因現在有更先進的方法醫治

以往的致命疾病，效果更好及康復情況更理想，不過代價可能是要更高的醫藥費及需要去指定的醫院或國家才能獲得治療；另一方面，令人擔憂的現象是生活環境改變而導致更多人患上疾病。根據腸胃及肝臟專科醫生的分析，不少都市人因為工作壓力大、工作不定時、飲食習慣不好、經常煙酒應酬及睡眠質素差等等原因，而出現了持續的「功能性消化不良」的病患[1]；而一些以往是較年長人士才會患上的慢性疾病，今天也出現了年輕化的趨勢，包括高血壓、糖尿病、心臟病及慢性呼吸系統疾病等，其他如急性冠心病及高膽固醇等也出現年輕化的問題。生活習慣和這些疾病息息相關，不能改變生活習慣便要接受患病風險與你同在，有些疾病能夠依賴現時醫療技術來解決，但有些可能需要長期照顧。疾病風險所導致的後果可以是很短暫，亦可能會影響一生。隨着年齡愈大，病患問題愈嚴重，如何處理疾病帶來的風險是年長人士無可避免的問題。

「死」的風險

有人說：「人死了便一了百了」，這話不一定正確，因為一個人去世的時候，可能有些心願還未完成，始終是心願未了；另外，

1　2019 年 12 月 9 日《經濟日報》報導（標題：【都市病】緊張壓力大出現胃痛胃抽筋　壓力性胃痛職場新人最高危）

假若作為家庭經濟支柱的人責任未完而早逝的話，便會對未亡人的生活構成壞影響，同時失去心靈及生活的依靠，影響多久因人而異，有未成年孩子的家庭風險特別高。所以一個人過世而出現的風險，並非是當事人的風險，而是未亡人要面對的風險。

另外，就算去世時遺下了財富千萬，也不代表家人生活不會面對額外風險，因為金錢是死物，運用不當會導致生活出現問題。若希望令未亡人可以按自己心願繼續快樂地生活，必須預先規劃，不是有錢便自然發生。

以上所說的四類風險是最基本的人生風險，雖然明知風險必然存在，對人生的衝擊有多大是未知數，但若果能夠有更多時間計劃，便能找出更多方法來管理風險。早些了解風險，對人生總是好事。

1.2 影響風險評估的十個因素

金融市場動盪及全球爆發疫症下，不論在金錢還是身體上，都令大家感受到風險。但從以往的經驗可以預計到，一段時間過後，當環境平靜下來，大家又會忘記曾經發生過的事情；到將來再出現其他嚴重事件時，大家才會勾起面對逆境的回憶，但風險之下不能避免損失。這些是一般人很容易出現的行為和結果，而重複發生的原因是大家對風險的理解有主觀性差異，往往容易混淆了感知風險和真實風險。當對風險的理解出現偏差，自然會作出不同的行為，如不適當，將會影響長遠的發展。

是甚麼原因導致我們對風險的理解出現偏差呢？

美國哈佛大學醫學院附屬出版機構在一篇文章中指出，影響我們對風險的看法有多項因素，包括認知能力和情緒問題等等。研究指出下列因素影響我們面對風險時的評估能力：

1. 信任度

對官方提供的一些資訊或評估風險的分析的信任度影響了人們對風險的憂慮，信任度愈高，對風險帶來的憂慮愈低。在疾情嚴峻時，市民到超市搶購日用品便是反映對政府不信任的行為，但冷靜過後便知道是反應過敏了，結果在家中囤積了可以用上一年以

上的日用品。相反因信任政府而跟隨不一定正確的處理手法，卻會導致風險增加，所以歐美各國在 2019 冠狀病毒病（*COVID-19*）爆發期間的確診人數飆升，正是因為信任政府措施而放下戒心，導致問題一發不可收拾。

2. 雙重標準

別人和自己面對同樣風險時，很多人會相信自己的問題較少，這情況容易在我們一些不良習慣中看到。例如，當看到他人在駕車時用手提電話通話，便覺得他們從事危險行為；但當自己橫過馬路時仍專注電話通話，卻覺得沒有問題。很多人會認為別人的問題有較高風險，而自己做同樣事情時便低很多，意外不會發生，當然這是毫無根據且一廂情願的想法。

3. 控制感

路面和空中交通比較，哪種發生意外的風險較高呢？對駕車人士來說，答案可能是空中交通，因為他們認為自己能夠控制車輛，不會輕易發生交通意外。事實是，路面發生交通意外的機會遠高於空中。

另一方面，就算自己如何小心謹慎，駕車時亦有機會因其他人的疏忽而導致交通意外。其實風險是可以運用機率表達的一種指標，存在不確定性，且並非一個人可以控制，即是可以管理，但不

能完全避開。投資風險是可以避開的，只要不投資便成，這可以避免投資導致的損失，但不投資而將資金悉數存放於銀行存款戶口，則有資金跑輸通脹的風險。

4. 影響範圍

　　由於突發災難性事件可以在很短時間奪去很多人的性命，例如火山爆發及海嘯等，所以當我們看到這些報導時，會覺得問題很嚴重；相反，一些常見狀況也會導致很多人失去性命，例如美國在 2019 年便有 8,200 人因流感而死亡，但相對上這些問題並未令人感到恐慌，甚至有所忽略。相比大自然災害，大部分人都比較輕視個人長期疾病（例如心臟病和糖尿病等）對身體的影響，因此亦容易因疏忽管理而令問題惡化。

5. 風險意識

　　在電子媒體非常發達的今天，愈多人提及的事情便愈能夠獲得關注。我們通常對一些時常報道的問題特別關心，當媒體注意到大家的關注度提升時，又會再加強報導，令意識進一步提高。一些風險有關的事情，例如出現傳染病，當人們不停在媒體及社交媒體羣組中接觸到相關資訊，自然會更小心防範。但當我們透過這類途徑提高風險意識時，也要小心有關資訊的真確性，因發佈資訊的人或機構都有不同動機，資訊可能只是片面之詞，又或是盲目猜

測。另一方面，假若事情發生在自己身邊，例如有朋友患上了嚴重疾病，自己也會感覺風險增加而希望購買保險來管理風險。

6. 想像力

當面對一些不能看見或難以理解的威脅時，人們自然感覺迷失，很容易胡思亂想，做出更多不理性的行為和決定。例如於疫情初期，很多人會想到資源將會短缺而盲目搶購日用品，但冷靜過後便不會再有這種行為。另一例子是當醫生向病人解釋病情時，病人及家屬可能因對疾病不了解而感到憂慮及胡亂嘗試偏方，作了很多徒勞無益的事情，例如被游說而購買了大量保健食品，且對治療疾病沒有顯著效用。

7. 受影響年齡層

假如相關風險和年幼的一羣有關，一般人都會比較關注，例如父母會因為孩子患上傷風感冒便急急去看醫生，但自己則可能患病多個星期也沒去求診。另外，當有「傳聞」某些食物對孩子健康有幫助時，家長都會一擲千金。家長關心孩子無可厚非，但他們可能因專注孩子問題，而忽略了當自己所面對的風險增加時，亦有機會令孩子的風險同樣增加。例如孩子可能因父母患病而被傳染，所以風險管理是以家庭為單位，不應只集中注意力在某人身上。

8. 不確定性

假若政府或相關官方機構沒有清楚交代大眾面對的風險問題，會令公眾人士更擔心，下意識認為當局有所隱瞞及壞事即將發生，事實卻可能是有關機構「好心做壞事」，因擔心引起公眾恐慌而選擇不回應或公佈問題。人是最難理解的生物，因不同人會根據個人經歷、知識及外來資訊去演繹事情，包括對風險的理解。哪種做法最適當要事後檢討才知道，所以必然存在不確定性，這也是風險的定義，因此要學習認識風險才能減輕其影響。

9. 對個人影響

事不關己，己不勞心。如果發生的問題看似與己無關，便懶得理會。就像 2019 新冠肺炎最初在中國爆發時，歐美各國都不着緊，沒有採取任何預防措施，當疫症在自己國家蔓延時才緊張起來，但因錯過控制疫情的黃金時間而導致情況惡化。財富管理也是如此，不少在職人士在理財時都較注重短期回報，而忽略了長期需要，例如年青時為退休而規劃收入。直到 40 多歲時，意識到 10 多年後便要退休，開始擔心沒有足夠儲蓄應付退休生活，到時才認真規劃退休，錯過了早期的累積階段，令可幫助財富增值的複息效應大打折扣，結果需要投入更多資金或承受更高風險才能達到預期目標。

10. 從風險中獲得樂趣

假如在承擔風險過程中能夠得到樂趣，很多人便會漠視風險而敢於嘗試，例如從事高風險運動。雖然參加者知道有機會在過程中受傷，甚至死亡，但因享受當中樂趣和滿足感而繼續沉迷。除此之外，一些如吸食軟性毒品等不良習慣有喪命風險，卻有人因沉迷冒險所得的快感而不斷嘗試，不少迷途知返的過來人都深感後悔。因此，不要因一時樂趣而忘記了風險。

這一章所分享的包括在人生不同階段所面對的風險，以及導致一般人在評估風險時出現偏差的因素，基本上風險是難以避免。為了追求回報而承擔過多風險，或自以為是地認為個人風險不大，這些都是主觀的想法。因此，為了令控制不到的風險對我們生活的影響減至最低，最基本的策略便是學習自律，還要時常詢問自己，究竟現時的理財策劃是否適合。

第二章

風險管理
與保險

人生最大的風險可能是不知有風險！本章會分享有甚麼風險類別、風險管理方法，以及保險和風險管理的關係。首先，我會和大家分享風險如何分類，一般傳統分類方法分別是財務風險及非財務風險、基本風險及特定風險、動態風險及靜態風險、和純風險及投機風險，並非所有風險都受保險公司承保，因此明白了風險類別能有效幫助大家決定怎樣投保。

本章的第二部分是有關管理風險的步驟及方法，一般風險管理程序包括識別風險、評估風險、管理風險策略和檢討計劃，而管理風險的策略通常有逃避風險、控制風險、保留風險和風險轉移，而購買合適的保險是一種風險轉移策略，因此不認識風險便難以決定有關管理策略。

本章將令大家明白風險類別及怎樣管理。

2.1 風險分類

風險是有關出現損失的可能性,很簡單直接的定義,但要管理卻絕不簡單。其中包括很多不同風險分類,高或低風險也存在主觀性,甚至同一個人在不同時間對風險的理解亦有差異。

常見風險分類有四種:

1. 財務風險及非財務風險

顧名思義,風險導致的損失是和金錢拉上關係。例如因意外或疾病所衍生的醫療費用便是一種金錢損失;因意外或疾病可能影響身體,甚至失去生命,則是非金錢損失。我相信大家都有同感,這些損失並非金錢能彌補,所以平時便要懂得珍惜健康,不要到「有錢無埞使」的境況才後悔。

2. 基本風險及特定風險

基本風險涉及的損失牽連甚廣,影響整個社會,甚至國家,例如全球疫症蔓延。其他情況包括由大自然現象引起,例如地震及水災。此外,失業、戰爭、通脹等亦屬於基本風險。由於並非因個人而起,很多時候大眾都期望政府能有適當措施來處理這些風險。

特定風險由個別事件引起，只對個人或某一羣人同時造成影響及損失。例子包括房屋失火、被雷電擊中、面對退休及因意外導致傷殘等。雖然處理特定風險帶來的損失應由個人負責，但是亦有些政府或社福團體會透過不同形式，協助防範及管理。

3. 動態風險及靜態風險

動態風險是由社會或經濟轉變而導致的風險。例如客戶轉變了喜好而導致消費形式改變，最終令一些商業機構被淘汰，與飲食相關的機構較容易出現這類風險。一些生產傳統食品的公司都要推陳出新，例如月餅和粽子等，否則便不能迎合現今客戶需要。科技發展亦是構成動態風險的原因，智能手機的出現令一些傳統手機生產商步向滅亡。今天時常聽到金融科技、大數據、人工智能及區塊鏈等術語，就算如我一樣不知詳情，也明白世界在急速改變中，如不能順應時代，便只可以順應天命。一些工作職位已經被機器取代了，除了工業，金融業也在改變中，你有聽過 Robo-advisor 或 Robo-banker 嗎？

靜態風險是在經濟環境不變下都會出現的風險。例如不論貧富，人總會經歷「生、老、病、死」的風險；不論經濟環境如何，大自然災害都會發生。除此之外，盜竊或欺騙等都是靜態風險，因為太平盛世或生逢亂世都一樣有心懷不軌的壞人，不幸面對這些風險便會導致金錢損失。

4. 純風險與投機風險

當面對純風險時，結果只會是出現損失或是沒有損失。例如 Mary 準備橫過馬路，由於正在思考工作問題而沒有留意燈號，而剛巧 Peter 駕車到斑馬線前，因準備接聽手提電話而短暫忽略了路面情況及沒有停車，風險在這一刻便會出現。結果可能是 Mary 被 Peter 的車撞倒了，或是在電光石火間 Peter 能夠及時煞車，又或是 Mary 驚險地避開了車輛。無論意外是否發生，結果都是二擇其一，分別是 Mary 因意外而受傷，或是大家都平安無事，而事件中絕不會因風險而令任何一方得益。假如 Peter 和 Mary 因為這次交通意外而認識，最後互相傾慕而結為夫婦，這又是否可以理解為一個由面對純風險而導致理想收益的情況呢？

風險一般發生在某一處境，以上所說的美滿婚姻是經歷很多不同的處境而最終導致的結果，所以不能說是由交通意外風險促成。

個人和機構都有機會面對三類的純風險，分別是個人風險、財產風險和責任風險。個人風險除了我常說的「生、老、病、死」問題以外，還有失業和受傷等問題。財產風險則是與天然災害或人為因素所導致的財物損毀有關，例如火災導致工廠焚毀，又或是盜竊所致的金錢損失等。由財產風險導致的損失可以是直接，亦可以是間接或隨之而來，例如餐廳被大火焚毀是直接損失，而餐廳被焚毀後因不能經營所導致的收入損失便是間接或隨之而來。如因個人

疏忽或蓄意行為而導致他人受傷害便會出現責任風險，所以亦有人稱責任風險為第三者風險。假如我們到商場閒逛時，因地面濕滑而跌傷，商場有機會需要面對賠償，這些也是和責任風險有關。

家庭教育從小已告訴我們成年後要成為專業人士，因為人工高及有前途，生活有保障，甚至可以飛黃騰達。例如成為醫生便是不少父母對子女的期望，你可有聽過用「月球人」和「星球人」來形容收入很高的私家醫生？「一球」即是 100 萬元的俗稱，「月球人」比喻月入 100 萬元，而「星球人」是每星期能賺到 100 萬元的人。其實所有事情都有兩面，成為專業人士，便有機會承擔更高風險，假若出現失誤便可能被追討賠償。根據報導，2015 至 2018 年 10 月底，醫管局接獲醫療事故申索個案共 445 宗，其中 65 宗達成庭外和解，連同 3 宗調解和解個案，賠償總額 5,042 萬港元。

相對純風險是投機風險，當面對這類風險時，結果可以有三種，包括損失、獲利，或是沒有賺蝕。賭博所面對的便是投機風險，做生意和進行個人投資都是面對投機風險，但有人說投資和投機是不同的。根據劍橋字典，「投資」是將金錢、精力和時間等投入到某些東西中以賺錢或獲得好處；「投機」是購買某物並希望其價值會增加，然後以更高的價格出售並獲取利潤的行為。從字面上明顯地有分別，但從行為上，不少人都當作相同事情；從風險角度看，不論投資或是投機都會面對投機風險。比較純風險和投機風險，保險公司只能夠為純風險提供保障。

2.2 風險管理

假如不想因風險而影響未來計劃，便需要有適當的風險管理措施。風險管理通常包括識別、評估、應付及檢討四個步驟。

（一）識別風險

我曾經在一個電視節目中看過一個教人如何一年內將一層樓變成三層樓的「致富」個案。個案的主角受訪時 28 歲，年紀輕輕已有意成家立室，但因財政實力未足夠「上車」，所以父親於兩年前以其名義為他買入一樓盤作新居。不久傳出政府將放寬銀行的按揭成數至最高九成，兒子堅信這政策將會帶動樓價大升，因此在收到傳聞當天便買入另一個「筍盤」，首期來自父母向銀行加按自住物業。為了安心地「成功靠父幹」，不令父母擔心，兒子更安排了人壽保障，確保自己萬一不幸早逝，也可以有保險金應付未償還樓按。相信大家也有聽過類似的「成功個案」，當事人一般都是以成功人士身份分享，但真實環境中是否有穩賺不賠的投資呢？可能你認為是「酸葡萄」，但作為一位從事理財教育專業的人，我認為不少追求高回報的人，他面對的最大風險可能就是不知有甚麼風險！所以先要懂得識別將會面對的風險，才知道怎樣去管理風險。

雖然全世界人口近 80 億，但有趣的是各人的成長歷程及未來

發展可能是類似但不一樣。任何人在經歷成長時，都會面對人生風險，只是在不同階段，次序和重要性都可能不同。例如，未成年的孩子最大的個人風險便是發生意外或患病；對一般成年人來說，除了身體健康問題外，其他風險可能是因早逝而遺下債務和責任給至親；年老時，面對的則可能是因疾病或身體機能老化而需要獲得長期照顧。

俗語有云：「針唔拮到肉唔知痛」，意思是未曾親身經歷過難以了解問題所在，說明不在指定人生階段便可能不明白當時會面對的人生風險，或是因感覺不到重要性而容易忽視，沒有任何相關風險管理策略。這正是在風險管理步驟中第一步已行錯了，沒有認真地識別今天和未來面對的風險而作出適當安排。

（二）評估風險

有一首歌的名稱很有趣，名為「地球很危險」，在這章也適用。因為風險無時無刻都會存在，所以萬一碰上了，便要進行評估才知道影響有多大。評估便是要了解被識別到的風險所帶來的潛在損失程度，假若影響不大而花了很多工夫去避免或減輕影響，結果是浪費時間、精神和金錢；相反，如果發生的後果很嚴重但又不去處理，同樣有深遠影響。

評估風險的重點是要了解發生損失的頻率及嚴重程度。在個人層面的「生、老、病、死」風險，一般要評估的是每種風險所導

致的金錢損失或支出，以「死」的風險評估為例，一名 90 多歲高齡的退休長者因年老而自然死亡，當中導致的金錢損失很有限，甚至是沒有；但一名要照顧一家老少的 40 多歲家庭經濟支柱不幸早逝，導致失去未來 20 年的工作收入的金錢損失可以是數百萬至數千萬元不等，視乎這人的製造收入能力而定。未來不同年期所獲得的收入，需要貼現計算今天的實質價值，這是財務策劃的時間價值概念，在評估風險所導致的損失時也要考慮這個因素。除此之外，其他專業的評估方法需要應用統計學中的知識和概念，我不在此討論，有興趣知道更多的可以參考互聯網資訊或有關書籍。

（三）管理風險策略

常用的管理風險方法包括逃避風險、控制風險、保留風險和轉移風險。

1. 逃避風險

「是福不是禍，是禍躲不過」這句說話能夠說明逃避風險作為管理風險方法的限制。

假如擔心交通意外發生在自己身上，可以選擇不外出，交通意外自然與你無關。但想深一層，這樣的確不會發生交通意外，但逃避這種風險的同時，其他風險卻出現了。例如，因為不能乘搭交通工具到公司上班，加上工作性質又不能在家工作，結果可能導致

失去工作及收入，生活風險自然增加。

另外一個是有關投資的例子。有些人因擔心股票價格波動而不敢投資股票類資產，自然避開了因股票價格上落而導致的風險及損失，另一邊廂增加的風險是每月所剩儲蓄只能存於銀行收息，在今天的低息環境下很難達到令人滿意的回報，甚至因通脹而蠶食金錢的購買力。結果是因擔心投資股票虧本，反而導致因金錢存於銀行而慢慢地被迫輸掉，時間愈長，購買力下跌愈大。因此，為了抗衡通貨膨脹帶來的風險便要適當地投資。

有些風險更加難以逃避，便是一直提到的「生、老、病、死」，你可以選擇健康地生活，例如不煙不酒、早睡早起及注意飲食習慣，卻不能決定何時會碰上意外或疾病。雖然坊間有很多教人抗衰老及回復青春的方法，但現實是沒有辦法令自己不變老，我相信能令自己減慢衰老的方法是接受現實，放低變老的憂慮，自然活得愉快，快樂的人總比多憂慮的人看上去青春。

2. 控制風險

這是一個比較務實的應付風險策略，既然風險是不能避免的，便嘗試採取不同步驟降低發生機會，或是當風險出現時能夠降低損失。

例如，大家擔心身體健康狀況導致的風險問題，便可以在飲食、日常作息及運動各方面下工夫，令身體更強壯及減少感染疾

病的風險，萬一真的病倒了，也能夠令身體更快康復過來。一些日常生活習慣對身體的長遠健康尤關重要，例如在炎炎夏日，人們總會想多喝冰凍飲料或多吃雪糕，不單可令身體降溫，更美味可口，實在難以抗拒。當然那一刻感覺一定暢快，但多喝較體溫低的飲料或進食雪糕，其實對身體不好。中醫師總會說若要身體好，便不要進食生冷食物，這是一種控制風險的做法。在診療上，中醫強調調理身體，而西醫則針對性對付疾病，採取的是不同策略。最理想的做法是平常多注重，到需要治療時，問題亦相對較易處理。

3. 保留風險

這代表由自己承擔所有風險帶來的財務損失。「一人做事一人當」是正確態度，但有些事情不是你想承擔便能夠承擔，例如一家人的未來生活需要，所以有責任的人反而更加明白不能由自己承擔所有風險，需要明白量力而為的重要性。通常採用保留風險策略的時候，所面對的風險一般不會有應付不到的財務責任。

例如，一般人不會因擔心遺失智能手機而投保，因為累計支付的保費可能比手機價值更高。雖然那可能是很有紀念價值的智能手機，可惜保險公司亦不能為這類非金錢能衡量的物件提供保障。

4. 風險轉移

當一些生命中不能承受的風險出現時，便需要由別人來承擔，

這便是風險轉移的效用。假如和你非親非故,為何能協助承擔風險及潛在的財務損失呢?所以轉移風險是有成本的,例如購買保險便是一種風險轉移的安排,透過付出保費而獲得保險公司的保障承諾。

假如擔心貨物在運送過程中被盜竊或遺失,可以透過買保險獲得保障;有些人則因擔心對第三者的責任而購買保險,例如家居保險,以及醫生或其他專業人士需要購買的專業彌償保險。

對個人而言,一般要轉移的風險包括為未來收入提供保障,以及擔心萬一生病而導致龐大醫藥費等。除了保險產品可充當風險轉移工具外,市面還有其他非保險形式,例如在大型電子產品連鎖店購買手機或電器時,他們可能會提供三年保養,比生產商提供的一年保養時間多了額外兩年,這也是風險轉移的安排。

對沖風險亦是一種管理風險的策略,通常適用於投資規劃,例如透過購買衍生工具來對沖股票下跌的風險。但對沖有抵銷的意思,即是一方面會減少投資風險帶來的損失,但同時亦抵銷了投資的潛在升幅,所以是一種穩定資產價格的策略。

雖然透過保險能夠轉移風險,但保險公司不是所有風險都會接受,一般情況下能夠符合下列要求的條件都屬於可保風險,但需強調是一般情況而並非絕對,因不同的情況下保險公司可以有不同安排。

I. 面對同類風險的人或物必須有足夠的數量,大數法則才適

用，保險公司才會考慮，否則難以估計風險導致的潛在損失。

II. 因意外或並非蓄意導致的損失才有機會投保。不過在保單列明的條款下，蓄意導致的損失亦有機會得到賠償，例如購買人壽保單時受保人需要遵守自殺免責條款，但過了免責期後自殺身故，仍然會獲得賠償。

III. 風險導致的損失需要有確定的處境，包括出現風險的原因、發生時間、地點及損失金額等，這些要求令保險公司可以估算風險發生時的損失賠償。但同樣風險事件發生在不同受保人或物時，保險公司有權決定損失和賠償。由於風險的出現牽涉機會率問題，所以保險公司需要能夠估算損失才會接受投保。

IV. 損失不可以發生在災難性的狀況，所以有些跟財產有關的保險保障通常列明不保事項，包括由天災或人禍導致的損失，但對於因天災導致的人命傷亡，人壽保險是會賠償的。

（四）檢討計劃

風險無處不在，無時無刻都可能會出現，亦會隨不同因素改變，例如人生階段和環境變化，所以不會有一勞永逸的安排，必須檢討才能確保風險帶來的潛在損失能夠控制在可接受水平。

檢討可以分為定期及非定期。定期是按產品特性而設定時間，例如投資產品需要較頻密檢討，可能每月都要檢討，而個人保險產品則可以按年檢討；非定期檢討可以按人生階段或生命事件等進行，例如結婚或孩子出生等都是檢討風險狀況的適當時間。

參考書籍

因此章內容部分是有關學術上對風險概念的解釋,為確保演繹正確,所以我亦參考了以下家中珍藏。

1. Jr. Beam, Burton T., Barbara S. Poole, David L. Bickelhaupt and Robert M. Crowe. *Fundamentals of Insurance for Financial Planning, Fourth Edition.*

2. George E. Rejda. *Principles of Risk Management and Insurance, 8th Edition.* Addison-Wesley Series in Finance.

3. Emmett J. Vaughan and Therese M. Vaughan. *Fundamentals of Risk and Insurance, 9th Edition.*

第三章

個人保險
類別

個人保險種類五花八門，如何知道選擇是否正確呢？

本章會協助大家先從產品特點了解基本個人保險的類別，
並從產品發展史說到近代應用，包括人壽保障、疾病保障
（如住院及危疾保險）、意外保險、關乎入息規劃的傷殘入
息保障、長期護理保障及年金、有較高潛在資本增值的投
資相連壽險，還有政府於 2019 年開始積極推動的可扣稅理
財產品。

產品都是按供求關係而出現，但對產品有需求不代表你有
需要，故對產品有基本認識後，將進一步分享如何配合個
人及家庭需要，安排適當保險保障。內容還會包括一些市
場數據、投保的常見迷思，以及購買貼士等，相信對不知
從何開始了解保險產品的人有極大幫助。

3.1 人壽保障

1706 年英國的 The Amicable Society for a Perpetual Assurance Office 成為首間提供人壽保險服務的公司，所以人壽保障服務已存在了超過 310 年，而保險業在香港亦已發展了接近 180 年，是金融服務業中重要的一環。人壽保險最初期的用途是保障投保人的未來收入，而近代的產品發展加入了累積財富的功能後，增加了不少用途。

不過任何一份人壽保險都必定有三種角色，分別是「人在保單在」的受保人、受益人及保單持有人。如受保人身故，保單便要終止及賠償，而接受賠償的人是受益人，可以是人或者實體，例如慈善機構和信託等。因此，如果主人擔心自己不在時沒有人照顧心愛的寵物，甚至是盆栽，都可以考慮購買人壽保險加上信託。最後，保單持有人是真正擁有一份人壽保單的人，所以他有權更改受益人，或將保單轉讓給其他人。

根據保險業監管局 2020 年度長期保險業務的臨時統計數字，仍然生效的直接個人人壽業務（不包括年金及投資類別）總共有 12,461,969 張保單。以 745 萬香港人口計算，即每人平均有 1.7 張保單，那是否代表有兩張人壽保險單便有足夠保障呢？

答案因人而異，原因是不同人有不同需要。以我為例，目前共持有八張人壽保單，由大學畢業開始到 2015 年，在不同時間購買，並按當時需要而決定保障額、保險單種類及供款年期等。至於不同人應如何安排，在稍後兩章會運用人生階段及個案形式和大家分享，本章只

會介紹市場上能夠購買的各種個人人壽保險產品。

市場提供的人壽保險產品主要包括四種類別，分別是定期壽險、終身壽險、儲蓄壽險和萬用壽險。

（一）定期壽險

假如要用最低保費購買最大人壽保障額，首選必然是定期壽險。定期壽險通常提供有限期的保障，期限由 1 到 20 年不等。定期壽險通常可以保障投保人到 75 歲，但可接受投保年齡會再低些，例如 55 至 65 歲，視乎保障期而定。就算可以保障到 120 歲，保費對較大年齡的投保人來說負擔很大，未必肯支付。如果需要終身保障，定期壽險並不適合。另外，購買定期壽險前亦要明白以下特性。

保障期後保證可續保

當購買定期壽險時，投保人需要決定保障年期，一般選擇有 1 年、5 年、10 年、20 年，甚至 30 年等，假如投保人選擇了 5 年期定期壽險，代表 5 年內的每期保費不變，而 5 年過後，保險公司通常都接受毋須重新核保來延續第二個 5 年期保障。既然保險公司能夠保證接受續保，投保人應選擇每年續保，還是乾脆選擇最長年期的定期壽險呢？

定期壽險的保費由投保人的個人狀況、年齡及所選保障期決定。投保年期愈長，保險公司面對要支付理賠金額的機會愈高，因此要反映經營風險，保障期內不變的保費將會按投保年期長短而作調整，年期愈長的定期壽險，保費會愈高。

指定期限內可轉換成終身壽險

定期壽險產品設計簡單,只會在受保人死亡時才得到賠償,假如支付保費後及在保障期完結時仍然生存,投保人不會獲得任何金錢上的收益。有些人會覺得定期壽險不好,因為沒有索償便會分毫都得不到。部分購買了定期壽險一段長年期的人,更可能後悔為何當初沒有選擇有儲蓄功能的終身壽險。我當然明白為何這些人有這種想法,不過他們可能忘記了當初選擇定期壽險的考慮重點是「成本低、保障大」,這是一種支出而非追求資產增值的投資安排。

無論如何,為了令投保人有機會改變選擇,定期壽險通常有一個可轉換條款,容許投保人在定期壽險生效後一段時間內或指定歲數前,例如65或70歲前,能夠將定期壽險轉為其他類別人壽保單,一般是終身壽險。當投保人行使轉換權及支付保費後,除了得到人壽保障外,保單更有機會增值,到未來可以取回保費及收益。

能夠保障終身及取回保費,更有機會獲得收益,感覺當然比定期壽險好。不過每個決定總有取捨,當投保人希望得到以上好處時,便要付出更多保費。假如當一位定期壽險投保人決定行使可轉換條款,他需要一筆過支付的保費金額,等於他由最初購買定期壽險的時間到目前行使可轉換條款為止的整段時間,定期壽險與終身壽險之間的累積差額。上述金額並非小數目,如成功將定期壽險轉為終身壽險,並轉為繳交終身壽險的保費,便能得到更全面及終身的保障。

保障可遞減或遞增

最適宜運用定期壽險的情況是有很大保障需要,以及希望控制保

費在較低金額，所以亦適合用於借貸相關的協議上。例如當買樓而需要向銀行申請按揭時，借貸金額一般數百萬至千萬元不等，就算借款人經銀行評核有資金或收入能力可以每月償還貸款，但始終擔心出現早逝風險，萬一借款人早逝而家人並沒有儲蓄支付未償還貸款，到時不單失去至親，更因沒有還款能力而失去居所，家人的生活亦無可避免地受到影響。假如買樓時需要向銀行借款，緊記購買等同未償還按揭金額的人壽保障。

由於未償還借貸金額應會因還款而逐步減少，假若只為償還貸款而購買人壽保障，所需的保障額亦應該逐步減低，所以遞減型定期壽險正合這類借貸協議安排，可以隨時間過去降低保障額，變相減少保費。

可以遞減當然亦可以遞增。一般隨着人生階段轉變，投保人可能為家人生活需要及自身責任而增加人壽保障額。除此之外，增加保障額亦可以減少因通貨膨脹而導致金錢購買力下降的影響。因此，部分人壽保險產品設計成毋須再進行驗身的情況下，按既定指標增加投保人人壽保單保障額，例如按指定百分比每年遞增或按通脹率調整。對人壽保險公司來說，增加人壽保障額等同增加生意，但同時亦增加公司風險。假如由投保人主動要求增加保障額，有機會需要再進行驗身；相反由保險公司主動提出增加保障額的話，一般都沒有再次驗身的要求。

要員保險

假若公司的重要員工離世，除了影響生意外，亦可能會影響銀

行借貸給公司的安排，令公司陷入財政困難，更長遠的影響是公司的中、長期盈利能力。因此計劃周詳的公司都會為主要員工購買人壽保險，這便是要員保險。

香港稅務局只接受以定期壽險作為要員保險，否則僱主所支付的保費不能用作扣除利得稅。假如要員不幸在職時身故，根據要員保險保單的要求，保單賠償金將會成為公司的額外收入，那麼來自保單賠償的入息是否需要課稅呢？

在以上符合規格的要員保險安排中，保費可以扣除利得稅，但保單賠償則視為僱主的營業收入，即利潤損失的補償，因此必須課稅。

假如將來有機會行使並獲得要員保險單的賠償，受益人便是公司，賠償金額將全數作為公司收入。從衡量保費支出和賠償額收入的角度，後者金額遠大於前者；從稅務考慮，需要支付的稅款可能較從保費扣除的稅款多很多。因此，在考慮為員工安排要員保險時，不一定是採用定期壽險能夠節省最多。另一方面，利用終身壽險作為要員保險可能有其他優點，例如有些公司會利用非定期人壽保單作為員工福利，為他們未來退休作出安排，不單止能夠應付因員工早逝而令公司失去收入及可以製造收益外，亦能夠為忠心的員工提供多一筆退休儲備。

購買定期壽險及投資差額

購買定期壽險及投資差額（buy term and invest the difference）的策略過去在已發展國家較為普遍，原因是以人壽保險作為儲蓄工具，長線潛在回報未必比得上相對較進取的股票類資產，所以人壽保單功能

只應集中在保障未來收益為主。假如要投資，便應該選擇其他工具。這種想法在過去十多年亦已經在改變，原因包括保障和收益兩方面。

從保障角度來說，定期壽險只會提供有限期的保障，對於希望得到終身保障的投保人來說並不適合；從財富管理角度來說，潛在回報較高的投資工具風險自然亦較高，代表回報不確定性亦高，所以只看回報而忽略風險，最終可能導致虧本收場。相反，長線投資在儲蓄型的人壽保單中甚少機會出現虧損。因此，並沒有絕對正確的策略，最重要是按個人需要而定。

（二）終身壽險

顧名思義，相比有限期保障的定期壽險，終身壽險會提供終身人壽保障。以往終身的定義一般都是 100 歲，但今天大家投保時都要留意終身保障是指到甚麼年齡。

終身保障

近幾年，終身壽險變化很多，其中一項便是終身保障的定義。以往通常說終身便是 100 歲，所以投保人到 100 歲時仍健在的話，保單便會到期。隨着普遍預期人均壽命延長，長命百二歲並非空談。當然長壽從來都不可怕，一般人最擔心的應該是病痛纏身或沒錢過活。

因此，現時不少終身壽險，真是做到終身保障，只要在生，不論甚麼年紀，保單都會繼續生效。從數字上來看，保障到 120 歲相比到 100 歲，因保障期較長，前者感覺較好，但當一個人活到 100 至 120 歲時，又有甚麼分別呢？除非真的有些心事未了，否則人到 100 歲以

上時，相信應該沒有甚麼責任需要履行，所以 100 至 120 歲期間過身應該都是安心離開的時間，有沒有人壽保障應該分別不大。

除此之外，雖然人均預期壽命延長，但目前 100 歲以上仍然健在的人口只佔很少，所以保險公司在計算需要額外支付的保險成本應該也不會明顯增加，所以投保人不會因為保障多 10 至 20 年而真正獲得好處。相反，假如保單是一份年金，或是目的主要為累積財富（而不是保障），能有更長有效期來累積財富或派發收益，多 20 年便有巨大分別。這類收益類保單將在本章稍後再討論。

保費供款選項

終身壽險保單的保費受投保人年齡、保障額、身體狀況、潛在收益及保費供款期等影響。最短的供款期可以是一次繳清，而最長的供款期則是終身，即百年歸老前每年都要繳付保費。

假如在同一類保單及同樣保障額下，供款期愈短，相對總保費愈便宜，因為保險公司可以更早收到保費作長線投資，能夠為保單製造收益。有些保險公司容許投保人將分期繳付的保費一次過預繳，而未需要支付的保費則可以在保險公司的保費戶口中賺取利息，有助減少保費支出。

保證及非保證收益

終身壽險的其中一個特性是有投資回報，而回報分為保證及非保證兩類。保證收益由保險公司擔保，而影響非保證部分的投資收益的因素包括保險公司的投資政策及表現、市場利率走勢、公司的理賠經

驗、公司支出狀況及保單續保率等。

由於來自不同國家的保險公司都可以在香港成立公司，所以香港保單亦具備不同地方的特色。以往多數利用英式保單和美式保單作為主要分類，英式保單的非保證收益變化較大及長期預期收益較高，而美式保單的運作模式較直接及表現較平穩。兩種保單各有特色，但今天比較少再用這種分類，因產品及公司的界線已變得模糊，北美背景的公司會有英式保單產品，相反以英國為基地的保險公司同樣會銷售美式保單，保險顧問不會再堅持哪種較好。

保險公司各自有自己的產品團隊，按公司文化、信用評級、目標利潤及規管要求等設計產品，所以單從說明書中的數字並不能看到這些因素。我認為投保時除了考慮保證及非保證收益的數字外，亦應該同時從宏觀角度考慮，多了解增加一份終身壽險對財富組合的回報和風險的影響。

收益靈活性──提取收益及保障額

因為市場競爭激烈，保險公司在設計壽險產品時都會考慮其獨特性，務求更貼心地滿足客戶，期望客戶在提取收益時可以配合他們的財務需要變化。退休規劃是個長期面對及重要的理財目標，所以不少壽險保單在設計提取收益時，都會考慮客戶退休後的現金流需要，例如有些保單在客戶退休首十年會提供較高收益金額，讓客戶在身體健康時可以多去旅行或娛樂等。另外，有些保單會為客戶孩子安排教育基金，容許家庭在孩子達到進入大學的年齡時，分數年派發收益，以應付讀大學的費用。又有些壽險保單只接受高齡人士投保，毋須驗

身，但保障額只是十多萬元，針對性地安排人生最後的費用，當然亦可以是子女為父母安排。此外，大部分保單亦容許保存可提取收益以賺取利息，到有需要時才提取，好處是令客戶的流動資金可以維持靈活性，同時亦能獲得比銀行存款高的利息。

針對家庭保障方面，有些人壽產品會提供額外保障額，例如在保單生效首十年，萬一受保人因意外或疾病身故，他的受益人可以獲得保單列明保障額的 200%；有些保險公司亦知道一些年長客戶不需要維持高保障額，所以亦會設計可在年長時調低保障額的終身壽險，令保單可以增加投資比例，有機會有更佳的投資回報。

保險公司將把收到的保費投資於不同的資產，例如定息工具和股票。在同一保險公司的不同終身壽險，潛在長期收益都可能不同，因為這些保單的進取和平穩資產比例可以不一樣。想了解終身壽險的潛在回報及風險，除了比較保險計劃建議書的數字外，亦要知道其資產類別的長期目標資產分配比例。不要以為大家都是類似產品，投資組合便可差不多，假如有些終身壽險保單的長期非保證回報較高，可能是因為投資組合中有較多進取資產。這方面的資料通常在介紹產品的小冊子中找到。

假如保單能夠保存更長年期，可累積更大收益的機會將增加。近年亦多了保險公司將終身壽險設計成財富承傳工具，可以讓長輩為子女及孫兒，甚至是再下一代的未來累積財富。保險公司容許轉換受保人，例如某爺爺是保單的第一位受保人，在其 60 歲時，授權保險公司將保單的受保人轉換為其 28 歲的兒子，到爺爺百年歸老時，保單也可以繼續生效及累積財富。到兒子再年長時，可再將保單受保人轉換為孫兒，這種安排可以令兒子及孫兒都能分享到爺爺最初為他們安

排的儲蓄,配合長累積期,滾存的收益可以令兩代人,甚至更多後輩受惠。

另外保單持有人也可以在設定受益人方面定下規例,例如指定受益人每年只可以獲得保單賠償金額的 5%,其餘由保險公司繼續管理及滾存生息。這做法可以避免受益人獲得一筆可觀資金後胡亂花費,當然人壽保障額需要有數百萬或以上才適合這種安排,否則受益人每年收到的金額都不知有甚麼用途。

資金靈活性——貸款及保費融資

已生效一段長時間的終身壽險一般都累積了一筆金額不少的現金價值,如保單持有人需要短期資金周轉,可以考慮提取部分作應急之用。相比金融機構借貸,透過保單借貸的好處是可以按個人意願決定提取而毋須事先審批,亦能夠按資金周轉狀況而還款,由自己控制借貸利息支出。運用這條款時必須注意是只用作燃眉之急,因貸款未有還清的話,會影響保單保障效用。如果持續沒有清還欠款,最終可能導致保單被迫終止,失去最初用作保障的安排。而可借貸金額一般是保單保證現金價值的 80% 至 90%。

有些終身壽險可以一筆過繳付保費,及保單開始生效時有一筆為數不少的保單退保價值。假如保單持有人希望控制保費支出及能夠接受借貸安排,可以考慮申請保費融資。

保費融資就是向銀行借款購買有現金退保價值的人壽保險單的安排。開始時將保單的現金退保價值作為抵押資產向銀行借款,保單持有人便可以保存資金作其他用途。由於過去的金融危機令銀行利率長

期處於低位，所以這種做法可以借助槓桿效應來賺取保單收益與銀行融資利率之間的差額。如遇上利率走勢逆轉，投保人可選擇立即償還貸款並繼續持有保單收息。假如賺取息差是保單持有人的主要動機，必須注意這做法的風險可以來自貸款利息增加或／及保單收益不符合預期，所以考慮運用保費融資時，亦要評估息口改變對自己財政上的影響，時刻提醒自己所有和財富管理有關的安排都是有利有弊的。

（三）儲蓄壽險

顧名思義，儲蓄壽險是儲蓄為本的人壽保單，以上終身壽險的大部分特性都適用於儲蓄壽險，所以不再重複，而主要分別是人壽保障及期限。

相比終身壽險，這類產品的人壽保障功能不談也罷，因為萬一保單到期前受保人身故，賠償金額一般只是他所繳交的保費的 101%，所以這類計劃主要都是以儲蓄收益為重點。期限方面，視乎用途，假如以財富傳承為目標，保單年期最長可以超過 130 年。

儲蓄壽險 20 多年前開始在香港普及，早期的計劃一般是最初 3 至 5 年是供款期；完成供款後，再過約 5 年的累積期；到第 8 至 10 年後保單便到期，到時投保人可選擇一筆過連本帶利提取收益。由於計劃設計簡單且容易明白，所以當時是銀行開展人壽保險銷售業務的主要產品，同時是 90 年代末銀行保險開始普及的時間。

不少客戶只將這類產品當成是銀行存款的替代品，所以要求年期盡量縮短，而收益又要高過銀行定期存款息率。我注意到近年最短期的儲蓄壽險是 2 年供款，到第 3 年底便期滿可以提取收益，年回報平

均介乎 2% 至 3%；再長期些的便是 5 年期計劃，首 2 至 3 年供款，到第 5 年底時保單便到期可以提取收益，年回報略多於 3%。某些保險公司及保險顧問以推廣這類產品為主，但這種做法其實是「七傷拳」（七傷拳為金庸武俠小說《倚天屠龍記》崆峒派的武功，傳聞「傷人七分，損己三分！」）。對保險公司來說，這些短期儲蓄產品的保費不可作中、長期投資，難以製造多少盈利；對於保險顧問來說，來自這類產品的收入應不多；對客戶來說，除非他有指定的用錢目標，需要在 3 至 5 年後終止儲蓄保單來獲得資金，否則每次保單到期後，如資金未有用處，又再重複存放 5 年，複息效應會被打斷，回報又要重新計算。相反，一些 10 年期或以上的儲蓄壽險，有機會因有更長時間運用複息效應，從而提升保證及非保證的累計總收益。因此，在考慮儲蓄壽險作為理財創富工具時，重點並非產品可以有多快到期，反而是自己打算甚麼時候需要用錢，應該將儲蓄壽險年期盡量拖長，令資金有機會創造更大收益。

　　除了年期，影響儲蓄壽險回報的因素還有保單的貨幣，香港保單常用貨幣包括港元、美元及人民幣三類。利息收益會根據不同貨幣的息率走勢而有所分別，而因為採用的貨幣不同，有機會導致儲蓄保險出現虧損。假若投保人在賺取以港元為貨幣的收入及在港消費，因有聯繫匯率，持有港元或美元的儲蓄壽險匯率風險分別不大；假如是持有人民幣儲蓄壽險，問題便較複雜，因過去十多年，人民幣兌港元的匯率高低幅度可以超過 15%；而在目前利率低企的情況下，假如投保人以往在人民幣最強勢時將港元轉換為人民幣並購買了儲蓄壽險，到期滿時又將人民幣轉換為港元，在一買一賣過程中，有機會在買賣差價上出現損失，扣除期內滾存的收益後亦可能難逃虧損的結果。

為了令客戶有更佳收益及配合其用錢需要，今天的儲蓄壽險保單相對以往有更多變化，包括年期和支付收益模式，假如有兩份不同保險公司的儲蓄壽險 A 和 B，同樣是 20 年期，但兩份保單卻有不同的供款年期及支付模式。保單 A 首 5 年是供款期，之後 5 年是累積期，在第 11 至 20 年間每年可提供一筆保證收益及非保證的紅利；保單 B 則需要供款 8 年，但由第 9 年開始到第 20 年每年可獲得一筆年年增加的收益。以上兩份保單有不同的現金流模式，那應該怎樣判斷哪一份的回報較理想呢？其中一種常用參考指標便是內部回報率 (IRR)，這種做法是運用現金流模式，將保單的保費支出及收益以貼現值方式計算，內部回報率愈高便愈理想。金融機構的個人貸款實際年利率，以及強積金投資表現的年率化回報也是以同樣方法計算。當然兩份同年期的保單資產配置組合不同，也會對預期現金流有很大影響。

（四）萬用壽險

　　時光倒流 40 年，大家知否 1980 年時香港的銀行存款利息及供樓利息是多少呢？由於通脹高，那些年的存款及供樓利息都很高。根據香港金融管理局《金融數據月報》，1980 年銀行儲蓄存款年利率平均在 8% 以上，銀行供樓利率平均在 15% 以上，1981 年的供樓利率更曾經超越 20%，相比今天少於 2% 的按揭利率，真是天與地的分別。

　　因應市場對投資回報率的要求提高，在 1979 年美國一家證券行的附屬人壽保險公司 Hutton Life 首先推出了萬用壽險保單。透過萬用壽險來儲蓄，保單持有人有機會獲得與當時市場利息接近的回報，除此之外，萬用壽險是從終身壽險轉變而成，也具備透過支付保費而累積戶口價值及提供人壽保障的功能，而最大分別便是具備更大靈活

性，在符合指定條件下可增減保費及保障額。因此，在 80 年代能夠成為廣為接受的新式人壽保單，除了美國以外，亦在其他地方普及，曾幾何時是香港私人銀行家主力推薦給客戶的人壽保險產品。以下是萬用壽險保單的主要特性。

靈活保費支付選項

繳交保費可以分為整付及非整付模式，視乎投保人的選擇。投保人亦可以考慮先付出最低要求保費，令保單開始生效，提供保障。例如一名 40 歲女性透過整付形式以 19.6 萬美元購買了 100 萬美元保障額的萬用壽險，如她不打算一次過支付總保費，其保單最低要求保費為 8,900 美元。然而，最低要求保費只是保險公司根據內部假設計算出來，令保單可以生效一段時限，如果要持續提供保障，便需要支付全數保費。保單生效期間，只要保單有足夠戶口價值應付支出，便可以暫停支付保費。除此之外，保單持有人亦可以不定期額外供款作儲蓄用途。因此，保單設計容許保單持有人可以配合不同人生階段需要，透過調節保費來增加資金靈活性。

按市場利率累積價值

萬用壽險於高息環境下誕生，對利息的敏感度是多種具儲蓄功能的保單之中最高的，即是相對最快反映市場利息的改變。當加息週期出現，萬用壽險應最快調高利息；相反減息時，亦可能較快地調低利息。因此，為了令保單持有人保持信心，通常萬用壽險會有兩種用作滾存戶口價值的利率。第一種是保證利率或最低利率，有些公司會在

保單生效初期提高保證利率，吸引人投保，有些則是保單運作了一段年期後才會有較高的保證利率，保險公司會因應公司策略而有不同做法。第二種是現時利率，較保證利率高，但會根據市場利率走勢而調整，在高息環境下會較其他類型儲蓄保單更快上調利率，但在利息向下的情況亦會調低。

收費透明度較高

萬用壽險的收費透明度較高，產品說明書都會列明不同類別的收費。保費費用是每次繳付的保費都有的一次性收費，例如扣除供款的6%作為保費費用，與人壽保障有關的保險費用及其他行政相關費用則從保單戶口價值中定期扣除。假如在指定期內退保或未到期而終止保單，將會徵收退保費用，通常愈遲出現退保或終止保單狀況，退保費用將會愈低。清晰的收費模式能令保單持有人了解保費與保單價值的關係，由於部分萬用壽險的保單持有人目標是希望能夠在指定期內獲取穩定收益，所以清楚收費能夠幫助他們預算何時能夠收回本金，以及指定年期後期望獲得多少回報，當然最後總收益亦會受很多因素影響，例如利率走勢、投資回報及持有保單期間的提取戶口價值等。

提取保單價值靈活性

保單生效後一段時間，保險公司一般會容許保單持有人提取保單內的戶口價值，保單持有人可以按個人需要而在不同時間提取不同的金額，亦由於這種靈活性，令到萬用壽險更受歡迎。有保險公司甚至針對不同家庭或個人目標來推廣保單，例如強調保單不但具備儲蓄成

分，協助保單持有人為孩子的未來教育基金需要提供資金，同時在整個保單期內為客戶的孩子提供人壽保障，直至受保孩子年齡達到完成大學教育為止。不論設計如何，目標都離不開人壽保障、期間提供現金流及長期創造收益。

當然大家亦要明白提取靈活性和長期潛在財富增值是一種取捨關係。當提取靈活性愈大，提取戶口價值的機會愈高，最後導致需要長期保存資金才能獲取理想收益的保單設計受到影響。

人壽保障有選擇

萬用壽險一般有兩類身故賠償選項。「固定身故賠償選項」指身故賠償將是受保人身故時之保障額減去任何過去的戶口價值提取總額或戶口價值，以較高者為準；「遞增身故賠償選項」指身故賠償將是受保人身故時之保障額及戶口價值之總和。在「固定身故賠償選項」中，有機會以保單的戶口價值支付由保險公司承擔的身故賠償額，所以總保障額有機會比「遞增身故賠償選項」為低。在相同保費的情況下，代表長線有較多保費用作儲蓄，時間愈長，保單的財富增長能力愈高。

經保險公司批核後，身故賠償選項是可以更改的。若由「固定身故賠償選項」更改為「遞增身故賠償選項」，必須提供受保人的可受保證明，有關更改亦須另作核保。更改身故賠償選項並不會改變計劃的基本保障額，但保險費用將受影響。

保險成本會隨年齡而增加，當投保人年紀增大到某一歲數時，萬用壽險有機會因累積戶口價值不足以應付保險成本而令保單被迫終止。保險公司通常會提供保證保障到 100 歲或終身保障的安排，但保費亦隨之而增加，所以要注意萬用壽險不等同終身壽險。

評估你的人壽保障

根據 2020 年度《香港長期保險業務臨時統計數字》，直接有效團體人壽保單每位受保人士平均保障額為 359,654 港元，另一方面有效直接個人人壽保險每張保單平均保障額為 563,812 港元，按總有效保單及香港人口計算，平均每個港人有 1.7 張個人人壽保單。假如一名受保人同時擁有團體人壽和 1.7 張個人人壽保單保障，平均人壽保障額便有 1,318,134 港元。假如你是一名在職人士，亦有投保個人人壽保障，你是否有這人壽保障額呢？另一方面，有這保障額又是否代表已有足夠保障呢？

如果你是一位有責任的家庭經濟支柱，必須清楚如何規劃人壽保障。因為人壽保障的用途是為你關心的人的未來建立財政安全網。多少才是足夠呢？你可以用今天的收入及未來在職年期來估算，最簡單的推算方法是將未來能夠獲得的收入扣除已有的人壽保障額及可套現資產。舉例一名 35 歲人士，假如現時每月收入為年薪 50 萬，預算工作到 60 歲，他未來將會有 1,250 萬元（50 萬年收入乘以 25 年工作期）的收入，這金額還未計算未來收入按通脹和升職加薪等因素的增幅而作出的調整。萬一在這位人士當刻因意外或疾病而早逝，其未來 25 年的收入便會徹底消失，但要照顧親人所需的資金卻是實實在在，問題便會立即出現！切記人壽保障的傳統功能是保障未來財富，創造財富則是後續安排。

根據瑞再研究院（Swiss Re Institute）最新研究資料顯示，一些曾經考慮購買人壽保險的人最後選擇放棄的五個主要原因包括：

1. 保費昂貴；
2. 感覺沒有需要；

3. 對產品不熟悉；

4. 認為其他理財或保險產品可以替代人壽保險功能；及

5. 不認同人壽保險產品。

整體來説，30 歲前的年青人最不清楚人壽保險的重要性，而低收入家庭亦因為不希望額外增加經濟負擔而不考慮人壽保障。

年輕人的未來可以有很大發展空間，而未來能夠賺錢的時間亦很長，所以估算的人壽保障額應該要更高；對於低入息家庭來説，假若家庭經濟支柱突然早逝，相信儲蓄亦不會足夠應付家人長期基本生活需要，更不要説更遠大目標，如果保費昂貴是阻礙其購買人壽保險的最大因素，便應該透過不同的人壽保險產品來進行風險管理。只要有責任便應該有保障，資金多少只會影響所選擇的人壽保險種類，而不是拒絕購買的原因。在往後章節，將會詳細討論不同人生階段的保險安排。

3.2 疾病保障

雖然有人說「小病是福」，但相信沒有人想生病，而不幸生病時亦希望能夠「病向淺中醫」；疾病可以突然出現，所以有病應該看醫生，但到時可能已買不到保險。如果在健康時沒有做好醫療保障規劃，結果可能變成「病向錢中醫」！

政府統計處在 2019 年 11 月推出的《主題性住戶統計調查第 68 號報告書》中分析了僱主或機構提供醫療福利予僱員及受個人購買的醫療保險保障的情況，根據統計，香港有約 3,610,700 人享有僱主或機構所提供的醫療福利或受個人購買的醫療保險保障或兩者兼備，佔該統計調查所涵蓋的總人口的 51.1%，即是約每兩人便有一人有不同形式的醫療保障。當中有 1,114,900 人 (30.9%) 只享有僱主或機構所提供的醫療福利，包括 306,800 人 (8.5%) 只享有公務員或醫院管理局所提供的醫療福利保障。另有 1,318,900 人 (36.5%) 只受個人購買的醫療保險保障，而其餘 1,176,900 人 (32.6%) 同時享有兩方面的醫療保障。總結是有 2,495,800 人受個人購買的醫療保險保障，佔統計調查所涵蓋的總人口的 35.3%。只有略多於三分一總人口會為自己及家人安排醫療保險，其他人為甚麼不做呢？今天人口老化是全世界的問題，「年紀大，機器壞」又是不爭事實，加上疾病年輕化的趨勢，不為自己及家人着想而沒有醫療規劃，莫非是靠命運，相信自己一生人鴻福齊天！？

現實環境中有些人是經濟原因而未能安排醫療保險，但我作為一

名理財教練，很明白經濟不好時更需要好的個人風險管理，減少難以預計發生時間及牽涉金額的個人風險；另外亦有些人是身體健康問題而買不到醫療保險，所以醫療保險應是健康時便要買。除此之外，還有甚麼原因令差不多三分之二的香港人口沒有個人醫療保險保障呢？

消費者委員會在 2019 年 5 月刊出了名為《為香港個人醫療保險市場締造可持續的價值》的研究報告，分析了購買或不購買個人醫療保險的原因，報告指出不購買個人醫保的四大主要原因是：

1. 感覺現有公共醫療服務已經夠好；

2. 認為自己很健康，不需要經常看醫生或住院；

3. 認為負擔不起購買醫療保險；及

4. 從未想過要買醫療保險。

相反，購買個人醫療保險的四大主要原因是：

1. 希望趁年輕時便購買，不用擔心年老時難以負擔；

2. 認為公共醫院輪候時間太長；

3. 因為家人和朋友都有購買醫療保險；及

4. 私家醫院能夠提供更好的醫療服務。

醫療保險產品一般都是每年續保形式運作，而總有些投保人會在保障期完結時拒絕續保，而研究指出不續保的主要原因是：

1. 感覺保費太貴；

2. 認為保單承保範圍不適用於今天的需要；

3. 因為顧主提供了醫療福利；及

4. 認為保單保障不到自己的需要。

以上所提到的是受訪人士的個人想法，假如和你的想法完全相反，亦不要憤怒或煩惱。個人保險的需要是很抽象及個人化的，不要因為不認識而不去了解，不要讓自己將來後悔今天未有清楚了解而做了不適當的決定。

今天的環境污染嚴重，生活緊張，加上生活和飲食習慣改變，「疾病年輕化」已經不是一個新名詞，早在 2002 年已出現在衛生署網站的新聞公報中。與今天比較，分別可能是更多疾病出現年輕化的趨勢。統計處《主題性住戶統計調查第 68 號報告書》中的「入住醫院情況」統計調查亦顯示了問題的嚴重性，在統計前 12 個月內曾入住醫院的住院病人數目有 22.2% 是 35 歲以下人士，而患有慢性疾病的 35 歲以下人士數目的人數也佔上總患病人數的 12%。

而另一已成趨勢的是年紀愈大，患病機會愈多，入院機會愈大。報告中提及 65 歲及以上人士在統計前 12 個月曾經住院的機會是所有入院人數的 35.2%，而患有慢性疾病的 65 歲及以上人士的人數也佔總患病人數的 43.8%，在 65 歲及以上人士組別中，78.1% 患有慢性疾病！可想而知，退休後沒有適當醫療保險保障的話，生活支出必然增加，所以在職時一定要為將來醫療需要而多儲蓄。

以下內容是必須懂得的醫療保險基本產品知識。

（一）醫療保險

醫療保險一般以「實報實銷」形式，為受保人在住院期間的醫療開支作出賠償。一般醫療保險計劃的保障包括三大類，分別是住院醫療計劃、住院現金計劃和門診醫療計劃。住院現金計劃是按住院日期而給予現金，補助受保人住院期間的收入損失，讓他們可以專心接受

治療，不同計劃有不同的金額及保障日期。

　　門診醫療計劃的基本保障包括普通科西醫及專科醫生診症費用，但不同保險公司的計劃保障範圍可以有很大分別，有些會包括中醫、物理治療、脊醫及跌打等，亦有些甚至覆蓋處方西藥、X光及化驗測試、職業或言語治療，以及日間手術費用。一般門診醫療計劃投保年齡由最小出生後15日至最高64歲，而投保後續保的年齡可以達到終身，但要留意條款是否保證終身續保。

　　有些門診醫療計劃保障受保人可以在指定醫療網絡免費接受醫生診斷或治療，亦有些是不論任何醫生都要承擔部分費用，收費方式可以是定額手續費或醫生診療費的某個百分點，例如醫療費用的20%。此外，一般門診計劃都有每年診症次數限制，亦有些計劃會按項目設限，例如中醫一年只可保障12次的診療。因為有較大機會使用，所以門診保險的保費並不便宜，亦不是一般醫療保險標準保障項目，屬於自選保障項目，其他常見自選保障項目包括產科、牙科及視力保障等。如果家有未成年孩子，但又沒有其他醫療保障，例如父母公司的團體醫療計劃不保障直系親屬的話，便應該安排門診醫療計劃。

　　住院醫療計劃再細分不同保障項目，常見的包括住房及膳食費、雜費、主診醫生巡房費、專科醫生費、深切治療費、手術室費、外科醫生費、麻醉科醫生費，其他的保障還有私家看護費、離開醫院後的跟進服務等，有些計劃亦會包括全球的支援和保障等。保單收費一般跟選擇的病房類別有關，通常分為私家房、半私家房及大房。假如感覺基本計劃覆蓋不足，亦可以考慮附加的額外醫療計劃，不同保險公司提供的醫療計劃各有不同保障。就算保障一樣，保障額亦可以不同，所以不可以單憑所需交的保費決定哪一份保單最適合自己。

香港保險業聯會出版了一本《投購醫保精明攻略》小冊子，教導市民如何選擇醫療保險，當中提及選購醫療保險時的六個問題及七大重點：

了解醫保的六個問題	選購醫保的七大重點
1. 我有需要購買醫療保險嗎？	1. 保障多寡，因人而異；
2. 如何選擇合適的醫療保險？	2. 保障保費成正比；
3. 如何購買醫療保險？	3. 注意受保和續保年齡；
4. 健康申報有多重要？	4. 認清不保事項；
5. 醫保索償注意事項？	5. 勿忘等候期；
6. 買了醫保是否保證續保？	6. 非「醫療需要」的索償申請，保險公司有權不受理；
	7. 保單依據「合理及慣常」收費為賠償基礎

有興趣進一步了解細節的朋友，不妨到保險業聯會網站參考相關資料：
http://www.hkfi.org.hk/partials/smarttips/medical/

從實務角度考慮購買醫療保險，需了解清楚一些個人需要，包括：

- 個人身體狀況——例如是否時常要看醫生，以及有否一些會影響保險公司考慮接受投保的已存在疾病或身體問題；
- 保費預算——這可能影響計劃的保障範圍，金額和自付額等；
- 是否有其他保障——例如公司團體醫療計劃或家屬計劃等。

假如期望有更全面保障及可負擔較高保費，不妨考慮投保近年很普遍的高端醫療保險計劃，差不多所有保險公司都有這類產品。「高端」除了代表保費及每項保障限額都較一般醫療保險計劃高之外，更

吸引的地方是有機會「全數賠償」、有高年度和終身賠償限額、可保障治療癌症新技術、涵蓋住院後門診費用及癌症相關保障期更長。

　　不少人都擔心患上重病或慢性疾病時的持續長期治療，身心受折騰以外，亦擔心不能支付醫療費。因此，不幸患病的話，住院前後門診保障是另一重要保障項目，高端醫療保險計劃在出院後的門診保障時間相對更長、次數更多，自然對受保人更有利。我時常提醒大眾，購買醫療保險不要只比較保費高低，因為醫療保險計劃的作用是利用預算之內的保費，應付難以估計的醫藥費。

（二）危疾保障

　　醫療保險一般以實報實銷為賠償原則，住院現金算是一種額外的收益，但當受保人患上一些疾病，或某些治療是保單條款上列明的不保事項，或是已超越保障水平，醫療保險的功能便到此為止，有機會要動用受保人的個人儲備應付支出。所以醫療保險以外，亦應該有危疾保障。

　　危疾保險算是一種年青產品，因全世界第一份危疾保險於1983年才在南非出現，提出危疾保險的人並非來自保險公司，而是一位知名的心臟科醫生 Dr. Marius Barnard（已在2014年過世，享年87歲）。他提出這產品概念的原因是在他醫治病人的經歷中，有不少被他治癒的病人，後來因沒有錢用於生活和跟進治療，最後亦難逃因病死亡的結局。因此，這位熱心醫生主動接觸保險公司，要求推出保障危疾的新產品，30多年後的今天，全球超過60個國家或地區都已經有危疾保險。

　　危疾保險通常承保的疾病包括癌症、與心臟及血管有關之疾病、

與神經系統有關之疾病、與主要器官和功能相關之疾病及其他嚴重疾病，計劃所保障的疾病可以超過 100 種，但數目愈大不一定代表保障愈全面，因可能是疾病的定義及分類不同而令數目有分別。現時產品已發展到可以保障早期危疾和兒童疾病，而保額會因應疾病的嚴重程度而不同，必須檢視不同計劃的「危疾保障類別及賠償表」以了解詳細保障範圍。當受保人確診符合危疾保單定義的疾病，便可得到一筆過賠償，投保人可決定該如何運用賠償，如用以繳付醫藥費、生活費、或任何其他用途，甚至是將賠償留為儲備亦可。

另外有些產品設計是按受保人的投保年期而有額外保障，例如投保的首 10 年，受保人萬一患上計劃所保障的疾病而獲得百分之百賠償，最後得到的賠償金可能是他投保的保障額的 2 倍。這種設計的好處是讓受保人在投保早期，就算因資金不足而未能購買足夠的保障額，仍然能夠有更大的保障，到投保後一段時間，因理論上已有更多儲蓄，保障額較低的影響亦相對較輕微。

分單一或多次賠償

現時的危疾保障類別相對以往更多，包括單一賠償或是多次賠償，亦有針對個別疾病的危疾保障，例如癌症危疾保險。保險公司的理賠報告顯示主要的危疾索償集中在癌症、中風及心臟病，而當中危疾索償屬癌症的佔大多數。癌症、中風和心臟病的復發率也不能輕視，所以針對這些問題，多次賠償計劃便顯得更重要。

香港精算學會於 2020 年 9 月發表了《香港人壽保險受保人死亡率報告 2018》，綜合了香港 17 家主要保險公司在 2010 至 2017 年香港受保人的數據。結果發現雖然香港人比以往任何時間都長壽，但因患癌致

死的比例不跌反升，而且有年輕化趨勢。另一方面，在 25 歲以下的受保人中，死於癌症的比例有驚人升幅，男性由以往的 15% 增至 22%，女性由 15% 增至 24%；對於 25 至 45 歲的男性來說，與之前的研究相比，心血管疾病佔死亡的比例顯著增加，比例從 8% 上升至 12%。

表 3.1：各年齡組別患癌死亡率

年份	2010 至 2017		1991 至 2000	
性別	男	女	男	女
25 歲以下	22%	24%	15%	15%
25 至 45 歲	41%	58%	35%	47%
45 歲以上	53%	55%	47%	55%

資料來源：香港精算學會／經濟日報報導

　　香港消費者委員會在 2017 年 1 月出版的《選擇》月刊 483 期，將其研究的一般危疾保險、癌症危疾保險、癌症醫保和一般醫保作一個簡單的比較，包括賠償原則、受保疾病、保障額和等候期等。下表是消委會的一個概括比較，不同保險公司的產品可以有很不同的保障和特點，所以要多比較和尋求專業意見。

　　每種產品出現都有其原因，多次賠償的安排是因為投保人擔心有機會舊病復發，亦擔心多於一種危疾出現在自己身上。針對一些更大機會發生的危疾作保障，例如癌症，一方面令投保人感覺「用得着」的機會較大，另外亦因為保障範圍收窄而令到保費有機會降低。除此之外，還有一些危疾保險的分別是具有儲蓄成分與否，而繳付期長短亦有機會影響實際交付的保費金額。雖然年紀大，患病機會較高，但從小便安排危疾保障的好處是可以在選擇有限期供款保單時，年紀輕

表 3.2：危疾及醫療保險保障比較

比較項目	一般危疾	癌症危疾	癌症醫保	一般醫保
賠償原則	一筆過		實報實銷	
受保疾病	指定疾病或狀況	指定原位癌及早期癌症、癌症	原位癌及早期癌症、癌症	普遍疾病或狀況
保障額	依保單就各受保疾病或狀況所定之百分比作出賠償；賠償額為部分或全部保障額		受限於每次癌症及終身最高賠償額，普遍全數賠償治療所需之住院、手術、診斷、化療等費用。一般會保障輔助醫療費用，惟設賠償額及次數上限。	就不同醫療費用設項目及每宗傷病賠償上限。部分計劃另設獨立「癌症治療」保障。普遍不保購買或租借醫療設備及心理輔導等輔助醫療費用。
等候期	一般為半年至一年	一般為 90 日		沒有特別註明，或由 60 日至 1 年

資料來源：消委會「選擇」月刊 483 期

有興趣了解分析內容詳情的朋友可參考下列連結：

https://www.consumer.org.hk/ws_chi/choice/483/cancer-insurance.html

的投保人保費相對便宜很多，所以亦有家長考慮為孩子在未成年前完成一份危疾保單供款，為孩子的未來做好保障。

善用點心策略　規劃危疾保障

要為長遠的健康保障開支做好預算，即使面對突如其來的嚴重疾病，仍能維持財富的健康水平。究竟該怎樣規劃危疾保障？我建議採用「點心（DIM SUM）」策略。

D — Different Protection Needs（不同保障需要）

危疾保障保險應保障到不同階段的治療開支需要，包括由兒童疾病，到早期危疾，再到嚴重危疾，無論在哪個階段的疾病及治療，相關產品都應可以給予適當保障。

I — Income Multiplier（收入倍數）

最常用來計算危疾保險保障額的方法是按入息倍數計算：一般的預計保障額，應由年薪 3 倍開始；不過若周詳考慮癌症治療及康復期的需要，5 倍年薪則更為合適。如果因經濟原因未能投保以上保障額，最基本也應該有 100 萬港元的保障額。如果按可運用金額來計算，只可以投保少於 50 萬保障額，便應該考慮以有儲蓄及沒有儲蓄的危疾保障組合來安排，因太少的保障額對實際情況幫助不多。另一種做法是購買一些投保首 5 至 10 年可以有更大保障額的計劃。

M — Multiple Claims（多次賠償）

由於人均壽命延長，生活環境卻較以往有更多挑戰，所以危疾患者康復後再復發的機會亦增加，因此保障條款宜包含多次索償的安排。由於不同保險公司做法有差異，申請保障前緊記向保險顧問了解怎樣才符合獲得多次賠償的條件。

至於何時開始購買危疾保險計劃，及往後該如何跟進？可參考以下三項：

S — Start early（早些開始）

不論甚麼類型的個人保險產品，都是健康時才能夠購買，所以愈早開始投保，愈能確保健康狀況符合保險公司的核保要求，以減少未來因病而未能投保的風險。

U — Understand your family needs（了解家庭需要）

在不同人生階段，理財需要都有分別，家庭組合不同時，危疾保險需要亦有分別。因此，購買危疾保障時，要同時了解個人及家庭的需要，才能確保相關安排合適，並有足夠保障額。例如家中孩子的危疾保障需要多考慮兒童疾病的保障範圍；太太或女兒的危疾保障應包括較多女性疾病的保障；假如預計未來需要動用儲蓄應付不同中、短期財務目標，便要選擇較長供款期的計劃等等。

M — Monitor（檢討保障）

保險保障安排沒有「一勞永逸」！要確保保障符合需要，必須持續檢討，並應徵詢專業保險顧問意見。

相信上述的「點心（DIM SUM）」策略，對關心自己和家人的人士來說，是一套既簡單又容易掌握的危疾保障保險規劃心法。只要按部就班去執行，便能每天放心地與至親享用點心！

3.3 意外保障

每天媒體總會有些關於發生意外的報導，例如交通意外、工業意外或家居意外等。根據香港警務處統計數字，2020 年全年共有 15,296 宗交通意外，傷亡人數有 18,360 人；2019 年全年有 16,102 宗交通意外，傷亡人數更達 20,218 人。立法會人力事務委員會在 2020 年 6 月 16 日會議中提供的《2019 年香港的職業安全狀況》文件中列出下列數字：

表 3.3：職業相關意外統計數字

職業傷亡個案					
	2015 年	2016 年	2017 年	2018 年	2019 年
致命個案宗數	177	203	227	218	249
受傷個案宗數	35,675	35,565	35,404	35,746	32,623
總數	35,852	35,768	35,631	35,964	32,872

工業意外數字					
	2015 年	2016 年	2017 年	2018 年	2019 年
致命個案宗數	24	18	29	16	22
受傷個案宗數	11,473	10,865	11,048	10,586	9,232
總數	11,497	10,883	11,077	10,602	9,254

在 2019 年所有工作地點之工業意外個案最多的四大行業中，按次序排列最多是住宿及膳食服務業，其次是建造業、製造業及運輸、

倉庫、郵政及速遞服務業。

　　雖然多了解事故可以小心預防，但發生意外的原因可以是由他人做成，可能只是無心之失，但後果可以很嚴重。過去曾經有些知名人士因發生意外而導致嚴重受傷，就像某位香港女藝人在 2020 年 9 月凌晨在下榻的酒店房間發生意外，導致頭部嚴重受傷。當晚她醒來去洗手間時，突然感覺一陣暈眩繼而倒下，頭部撞向雲石邊，撞傷了右邊近眉骨位置，傷口長達 6 厘米，深可見骨，其後送往醫院縫了數十針。禍不單行，由於傷口出現狀況，要進行第二次手術，故醫生要將傷者傷口重新再縫合，共縫了數百針。

　　意外是發生了意料之外的事情，個人意外保險是用來保障投保人因發生意外而導致的意料之內的支出。甚麼人需要認真考慮個人意外保險呢？簡單來說便是容易發生意外的人！我認為他們包括活潑好動人士，例如年幼孩童、年青人及愛好運動人士。消防處在其網站中提到幾種小孩及嬰兒在家居經常發生的意外，包括跌倒、窒息、燒傷或燙傷，以及中毒。另外，容易發生意外的人便是較常身處容易發生意外的環境的人，例如工作環境較狹窄、較多危險，或是需要時常出現在品流複雜的地方。最後，便是容易忽視風險的人士，因為他們對風險的警覺性偏低，所以到意外發生時已太遲作出反應。

　　保險公司的個人意外保險會針對受保人遇上意外時的損失作出賠償。當受保人遇上意外導致傷殘或死亡時，保險計劃會提供一筆過的賠償金額；亦有計劃會以實報實銷形式賠償因意外而引致的醫療及住院開支，部分會包括物理治療及跌打等費用。保險公司會考慮投保人的職業組別而釐定保費及每年續保。一般個人意外保險計劃包括以下的保障範圍：

1. 意外死亡；

2. 喪失肢體；

3. 永久傷殘；

4. 暫時傷殘期間的現金津貼；

5. 療傷的醫藥費用。

保險公司的產品基本保障都是大同小異，投保時要考慮及比較的重點離不開是：（一）身故或傷殘發生後的賠償額，在某些指定情況下受傷引致死亡可以獲得雙倍賠償；（二）因意外受傷而接受醫療後可獲得的賠償額，包括因嚴重皮膚燒傷及傳染疾病引起的賠償等，按照實報實銷原則而賠償。假如受保人有超過一份保單可申索賠償，總賠償額亦不能多於總支出額；（三）跟進治療方面的保障，例如物理治療及中醫跌打治療等，通常是意外後一段時間內適用，例如意外後 12 個月，亦有限制次數及每次治療費用；（四）住院現金保障的金額及保障期；及（五）投保時要清楚了解自己喜好，因有些較容易受傷的運動可能被列為不受保運動。

個人意外保險每年的保費通常介乎數百元至數千元不等，保費亦並非保證，保險公司有權按索償紀錄、續保經驗、開支及醫療費用通脹等因素而調整，保障內容亦可以在指定時間下以書面通知客戶而改變。一般來說，保單都會訂明投保人必須在指定時間內提出索償申請，因此在意外發生後亦要盡快聯絡保險顧問或向保險公司查詢期限及索償所需資料，確保不會因過了索償申請期而失去保障。

個人意外保險亦有一些不保項目，不同公司可能有差異，通常包括：（一）並非醫療需要的治療，例如整形手術；（二）自殘傷害及／或自殺；（三）戰爭、暴動或相關活動造成的損傷；（四）受任何非註冊醫

生處方藥物或酒精影響或使用過量有毒或有害物質而引致的損傷或死亡；(五) 飛行活動 (以乘客身份乘搭持牌民航機除外)；(六) 懷孕或分娩引致之死亡；(七) 受保前已存在之身體或精神上之問題而導致的損傷；及 (八) 參與危險活動，例如職業體育運動，不論是兼職或全職、練習、培訓或比賽等。

表 3.4：個人意外保險的保障表例子

保障	名義金額百分比 / 保障範圍
1. 意外身故賠償	100%

保障（名義金額百分比 / 保障範圍）	保障（名義金額百分比 / 保障範圍）
2. 喪失功能或傷殘賠償	2. 喪失功能或傷殘賠償
完全喪失雙眼視力（100%）	完全喪失一隻拇指
完全喪失單眼視力（100%）	・右手兩節關節（30%）
兩肢殘缺（100%）	・左手兩節關節（20%）
一肢殘缺（100%）	・右手一節關節（15%）
永久及無法復原的精神錯亂（100%）	・左手一節關節（10%）
完全喪失語言能力及雙耳聽覺（100%）	完全失去一隻手指
	・右手三節關節（10%）
完全喪失聽覺	・右手兩節關節（7.5%）
・雙耳（75%）	・右手一節關節（5%）
・單耳（25%）	・左手三節關節（7.5%）
完全喪失語言能力（50%）	・左手兩節關節（5%）
完全喪失一隻眼之晶狀體（50%）	・左手一節關節（2%）
完全喪失四隻手指及拇指	完全喪失腳趾
・右手（70%）	・一隻腳之所有腳趾（15%）
・左手（50%）	・大腳趾兩節關節（5%）
完全喪失四隻手指	・大腳趾一節關節（3%）
・右手（40%）	證實不能接合之腿骨或膝蓋骨骨折（10%）
・左手（30%）	任何一腿畸短五厘米或以上（7.5%）

保障	三級灼傷部分佔全身皮膚表面的百分比	名義金額百分比 / 保障範圍
3. 嚴重灼傷		
身體部分：頭	等於或大於 8%	100%
	等於或大於 5% 但少於 8%	75%
	等於或大於 2% 但少於 5%	50%
身體	等於或大於 20%	100%
	等於或大於 15% 但少於 20%	75%
	等於或大於 10% 但少於 15%	50%

保障	名義金額百分比
4. 完全傷殘賠償	每月 1%

保障	保障範圍 *：			
	治療	每日診治次數	每次診治之最高賠償額	每個保單年度之最高賠償額
5. 意外受傷醫療保障	跌打治療	1	200 港元	2,000 港元
	針灸治療			
	脊醫治療	1	400 港元	4,000 港元
	物理治療			
	牙科治療	1	不適用	2,000 港元

* 每次意外最高賠償額為 6% (「意外受傷醫療保障限額」)。表中治療之醫療費用將因應分項限額而獲賠償，並以每次意外之意外受傷醫療保障限額為限。

香港人很喜歡去旅行，而旅行期間亦有可能發生意外，因此旅遊保險亦有意外保障的項目。若不幸在外地遇上意外，旅行保險中的醫療和緊急醫療運送保障便能發揮功效。但不同計劃的保障也是不同，我聽過不少去外國滑雪而受傷的例子，由於在外地可能會和醫生出現「雞同鴨講」的情況，如果旅遊保險中不包括安排專機回港治療，便會令傷者更擔心；假如有其他較年幼家人一起，更加不知如何是好。過去我亦曾在報章看過一篇報導，是一名香港人因在日本滑雪時意外扭傷足踝，但距離意外地點 1 小時車程只有一位懂英語的當地物理治療師，只好到該處就診，但保險公司因物理治療師不屬「合資格醫生」而拒絕賠償。另外，假如滑雪活動和比賽有關，性質就可能不屬於消閒或業餘了，保險公司就可能不會受理。買保險是求安心，所以要預先看清楚條款，了解保障範圍及上限，才能玩得放心及開心。

3.4 入息保障（包括傷病入息、長期護理及年金）

　　不同人生階段都需要有入息，分別是主動入息及被動入息。在職期間透過貢獻個人知識、經驗、努力及勞力等而獲得主動收入，退休後需要的是透過適當財富管理而達到穩定被動收入。人到中年，身體狀況開始走下坡，沒有適當對策管理潛在醫療保健支出，便會影響收入及儲備。針對入息保障規劃，傷病入息、長期護理及年金計劃都有其重要性，此節會討論上述三種產品。

（一）傷病入息保險──保障在職傷患時的收入

　　傷病入息保險通常是保障投保人在職期間因傷患、意外或其他可保原因導致傷殘而喪失收入的計劃，所以一般可投保的年齡通常是由成年 18 到 55 歲左右，而保障期是到退休前，約 60 至 65 歲。補償金額視乎投保時的收入而定，通常是根據每月收入的某個百分比計算，約 60% 至 70%，保障期可以只是一至兩年，或直到 65 歲等。有些保險公司會按傷殘程度而有不同賠償，例如受保人不幸完全傷殘，但仍能繼續從事收入少於傷殘前收入某個百分比的工作，及正接受醫療護理，保險公司將根據其收入損失百分比支付部分的傷殘賠償額，直至最長賠償期終止；假如受保人是持續完全傷殘時，保險公司會按月支付完全傷殘賠償直至最長賠償期終止；假如受保人不幸嚴重傷殘，例如因癱瘓而需要他人協助進行日常的基本活動，包括沐浴、行動及進食等，每月的賠償額將會有所增加。如嚴重傷殘情況持續，有計劃會

向受保人終生支付嚴重傷殘賠償。由於賠償是按傷殘狀況而決定，所以投保前必須了解保險公司對傷殘的定義，例如有保險公司定義傷殘為「在傷殘的首兩年內不能從事現在之職業及在傷殘的首兩年後不能從事適合其學歷、訓練或經驗的任何職業」。

傷病入息保險的主要用途都是在退休前階段的資金應急為主，投保時需要考慮的問題包括保障額、保障年期、保費、工作性質、是否只保障原本職業、等候期和有否局部賠償等等。詳細情況可以參考不同保險公司的產品說明書。

（二）長期護理保險——顧及家人需要

面對全球人口老化問題，需要照顧的長者數目持續增加，有些國家為了應付開支而立法推動強制性長期護理保險，例如日本於 2000 年實施「介護保險法」，要求 40 歲以上的日本人和在日外國人都必須參加長期護理保險計劃，而南韓在 2008 年亦推出「長期護理保險」制度。中國在 2016 年起亦組織部分地方積極開展長期護理保險制度試點，截至 2020 年 9 月，總計有 49 個內地城市，探索建立以互助共濟方式籌集資金，為長期需要照顧長者的基本生活照料和與之密切相關的醫療護理，提供服務或資金保障的社會保險制度。

香港又如何呢？2017 年 7 月，安老事務委員會發表的《安老服務計劃方案》表示，需要探討設立「長期護理服務保險等的供款性儲蓄安排」作長遠規劃。可惜三年多過去仍然是原地踏步，而時間是不會等人的，所以自己不着緊，到老必悔恨。

長期護理保險在 60 年代開始出現，這類計劃為投保人支付日常護理費用，包括居家看護費用、輔助生活費用及療養院的費用等。對

大多數人而言，購買長期護理保險是為了讓保險公司協助支付居家看護費用，這樣便可以繼續住在家裏也受到適當照顧，不用長住安老院或療養院。

由出現到 80 年代普及，保險公司都樂意推出相關計劃，但由於沒有法例強制要求購買，長期護理保險計劃並不是一般人的興趣所在。保險公司眼見不受歡迎，亦沒有動力推廣，因此在香港甚少見有此類產品。

一般病痛所需要的照顧時間和金錢較容易預算，但若是照顧患上長期病的老人家，預算會較困難。不單如此，對家人的困擾亦會較多，包括缺乏對照顧患病家人的知識及技巧，可能要放棄工作以照顧患病家人，感覺焦慮及疲憊，還有很多心理上的問題，處理不善甚至令照顧者患上不同的疾病。因此，長期護理已不是一個人的事，是影響一家人的事情，即使家人關係融洽亦可能因處理不善而令關係惡化。因此，考慮購買長期護理保險時，着眼點不應是保費多寡及賠償機率這麼簡單，還要考慮對家人的影響。

一般長期護理保險的受保人如喪失日常活動的能力時，便會獲得每月發放的賠償，金額和收益期按計劃而定，賠償金可以用於私家看護、居家護理和補助院舍費用等，視乎計劃條款而定。有些會包括免費醫療檢查，其他附加保障還有人壽保障和豁免保費等。若被保人不幸身故，指定受益人將獲得先前已協定的身故保險賠償。另外，若被保人被證實符合獲得賠償的條件後，日後繳交的保費可獲豁免。

香港產品選擇暫時比較少，但不代表沒有規劃需要。通常老人家開始遇到健康問題時，隨着時間過去，會需要長期的日常護理。醫療保險一般會協助支付醫療費用，也會支付看病期間的部分護理費用，

因此老有所「醫」是很重要的，即年長人士必須擁有醫療保險保障。然而，醫療保險於康復後便會停止支付中、長期的日常護理費用。若果缺乏長期護理保險保障的長者需要日常護理，便需要自行付費。除了繼續等待政府推行改革外，大家亦需要為未來的長期護理而增加儲蓄。

（三）年金——製造細水長流的退休入息

年金本身是很長壽的產品，在外國已有超過 400 年的歷史，最基本作用是為退休人士提供長期而穩定的收入。香港政府在 2017 年提出有關公共年金的概念，2018 年中已經正式推行，相信對年金產品的重要性的認同是不容置疑的。2018 年 5 月，中國銀行保險監督管理委員會亦發出了《個人稅收遞延型商業養老保險產品開發指引》，同樣反映出鼓勵保險公司為客戶提供更多延期年金產品。

按提供收益的起始期分類的話，分為即期年金及延期年金。即期年金沒有累積期，投保人繳付一筆過保費後，最快可以一個月後開始領取年金收益。通常這類年金適合能夠即時提供一筆金額及期望盡快獲取收入的人士，例如即將退休的人士。延期年金則設有累積期，投保人可一筆過或分期繳付保費，讓資金在累積期內積存生息及繼續投資，待一段時期後才開始領取年金收益。延期年金適合不急於獲取穩定收入人士，例如還有十年或以上才退休的在職人士。其實年輕人亦應考慮以延時年金作為儲蓄計劃來累積退休儲備，原因是透過長年期滾存，可以充分發揮複息效應，利用時間創造財富，在退休時把累積的資金轉為穩定每月收入作退休生活之用。

按收益期分類，年金可分為定期年金及終身年金。定期年金於指定年金期內派發年金金額，例如 10 年或 20 年。如年金領取人於年金收益期內身故，部分年金計劃可讓受益人一筆過提取身故賠償，或繼承未提取的年金結餘，直至年金收益期完結。而終身年金是保險公司會終身派發年金金額給年金領取人，直至百年歸老。但大家要留意保險公司對終身的定義會否設有期限。假如終身年金的年金領取人於任何時間身故，其收益期都會即會完結，因此，有人認為年金計劃不好的原因是出現「早逝」時，會獲得少於期望的年金收益，變相影響回報。

　　這種說法是正確的，「早逝」是有機會減少獲得的年金收益，擔心「早逝」的確不應該購買年金，因年金的最基本用途是為擔心長壽的人安排，應對長壽風險。以今天全球人口老化趨勢來看，健康狀況可能差了，但比以往長壽，因此擔心長壽而沒有收入來生活的風險應該大於早逝而沒機會花錢的風險。若然擔心「早逝」，應該在財富組合中加入人壽保單來應對風險。

　　要決定年金是否適合自己的派發收益工具，需要考慮以下六項因素的重要性：

　　1. 對被動入息的依賴性；

　　2. 對保證收益的要求；

　　3. 對資產價格波動的憂慮；

　　4. 產品具備部分提取靈活性的需要；

　　5. 產品是否需要長期增值；

　　6. 有多久可以獲得持續收益

　　年金和一般能派發收益的保險產品運作相似，都是製造穩定收益的工具，但只從「有錢收」角度看，很多理財產品都有這種功能，有興

趣多了解一些常用理財工具的特性的讀者，可閱讀《四桶金富足退休指南》。那為何一定要購買年金類產品呢？北美精算師協會曾經在一份有關管理退休後風險的退休規劃指南中提到，我們退休時可能會面對以下 16 項風險：

表 3.5：退休時可能會面對的 16 項風險

長壽	通貨膨脹	利率走勢向下	股市波動
退休前在職公司的業務連續性	就業	公共政策改變	被欺詐或盜竊
喪失獨立生活能力	住房需求變化	配偶離世	其他婚姻狀況變化
無法預料的家庭成員需求	糟糕的理財建議	意外、醫療及保健的支出	缺乏可用設施或看護者

年金產品能有效應付以上提及的風險，包括長壽、利率走勢向下、股市波動、被欺詐或盜竊，以及糟糕的理財建議等；相反，其他能派發收益的理財產品並不可以同時管理剛才提及的年金，及一般能派發收益的保險產品的風險，因此這類產品對處理一些指定退休風險是絕對重要的角色。當然，為了配合不同的個人及環境需要，精算師亦會改變產品特性來迎合需求，產品的合適性便會受影響，而未必一種產品適合所有人，因此作出購買決定前必須多了解或諮詢專業顧問意見。

表 3.6：香港年金產品的新造個人年金保單數字（2015 年至 2020 年）

年期	個人年金保單數目	
	整付保費	非整付保費
2015	789	14,132
2016	815	13,637
2017	996	36,783
2018	6,628	39,311
2019	3,213	130,407
2020	3,580	90,485

資料來源：保險業監管局網頁

　　以上是過去自 2015 年至 2020 年香港年金產品的新造個人年金保單數字，整付保費類保單數目大增是因為香港按揭證券公司旗下的香港年金公司於 2018 年開始推出政府年金所致，而非整付保費年金的增幅在 2017 年開始至今都有可觀增幅，2019 年更是 2018 年的 3 倍，原因是扣稅延期年金的出現。個人年金保單數目增長不差，但相比需要退休入息的人口仍有很大距離，原因為何呢？

　　外國有一個名詞用作形容人們較少採用年金製造退休入息的現象，名為「年金難題（Annuity Puzzle）」。2017 年諾貝爾經濟學獎得主 Richard H Thaler，被稱為「行為經濟學之父」，他早年在美國《紐約時報》中發表了一篇有關年金難題的文章，提到在標準的假設環境下，經濟學家指出運用年金製造的退休入息，較一些自己管理投資組合來製造入息的退休人士，能夠更多更持久，明明是較「着數」，但為何又會出現年金難題的現象呢？

根據分析，當中主要原因是考慮購買年金的人士將這種產品和其他投資工具（例如債券和股票等）作比較，由於年金領取人所得到的收益，有可能受投保人的預期壽命影響，所以出現了回報不確定性。以身故後便停止收取入息的終身年金為例，如果投保人擔心自己的壽命比預期壽命為短，到時能收到的累積退休入息便會比預期少，感覺是一種損失；相反，如果要「賺得多」，便要比別人長壽。可惜有誰可以知道自己有多長壽呢！由於理性投資者一般都會存在規避風險的投資態度，因此當他們不能確定回報時，便不考慮購買年金。除此之外，其他常聽到的原因還包括感覺靈活性不足、不能隨時提款、擔心金融機構倒閉，以及感覺儲蓄不足而不想將資金鎖於欠彈性的年金產品等等。

　　其他投資工具的潛在回報又是否很確定呢？假如大家曾嘗試任何潛在回報較銀行活期存款高的財富增值工具，都會明白一個很簡單的道理，要獲得高回報必須承擔高風險，但承擔了高風險後，又不代表一定能獲得高回報。因此，基本上任何潛在回報高於活期存款的投資選擇都應該存在不確定性。

　　有關靈活性不足或不想鎖住資金的問題，實際是沒有安排好應急錢和保險保障所引致，這當然有問題了。至於擔心金融機構的信用問題，相信多了解金融監管條例便會放心很多。因此，不選擇年金的實際原因，可能並非投資回報不確定，或其他之前討論過的疑問，相信與投資者對產品的認識程度有更大關連。話雖如此，這便是當今大眾及理財業界都同時面對的現象，有否任何方法能夠改善這種處境，以協助大眾有更好的退休現金入息規劃呢？

　　從投資角度看年金，考慮的唯一重點是回報，當傳統終身年金的

回報與年金領取人的壽命掛鈎，而預期壽命又存在很大的不確定性時，便減低購買年金的動力。相反，如果從消費角度看年金，效果便很不同。美國全國經濟研究所的研究指出，當將年金當作是一種投資選擇時，例如強調「投資」和「收益」等字眼，只有 21% 的受訪者會選擇投資年金；若從消費角度看年金，例如強調「消費」和「支付」等字眼，便有 72% 的受訪者會考慮購入年金！

　　兩者的分別是甚麼呢？假如從消費角度看年金，這種工具可按設計而提供終身及穩定的收益，因此到退休時的消費預算便能夠有效控制。另一方面，由於年金能夠提供終身收入，所以當退休人士年紀持續增加時，收入反而不會明顯減少，降低他們對未來「人又老，錢又無」的擔憂。保證終身入息的特性正可以當作一種管理長壽風險的安排，而且有明確的金額可使用，人是會比較開心，且動力也較大，這也是行為經濟學的內容。

　　當決定了將年金配置在財富組合中，要考慮的兩個問題是甚麼時候購買，以及應該佔整體可運用資金的比例。我強調年金的角色是為提供穩定入息而安排，所以甚麼時候購買視乎距離需要穩定入息的時間還有多久，而這未必是現時年齡與退休年齡的差距，反而要考慮的是何時要動用年金來製造收入，可以是退休年齡前或退休一段時間後。因此，大家不可以只單純考慮一種方案，需要按未來不同階段資金需要而利用不同資產，資產的運用次序及其收益穩定性亦需要配合，當中牽涉到現金流規劃和年金以外的理財工具，例如按個人喜好而靈活派發收益的保險產品、債券、派息基金和股票等。

3.5 投資相連壽險保單

之前幾節介紹的保險產品以保障為主，就算能夠提供收益的都屬於較平穩類別，但習慣了平穩回報後，當環境出現轉變，例如有其他更高潛在收益產品，大家便會對傳統保險產品的期望改變；另一方面，針對風險管理的保障型產品，真正發揮功效是受保事件發生時，例如受保人生病或早逝。然而，沒有人期望自己生病或死亡的，所以過了一段長時間都是無病無痛或是仍然健在時，有些人便會覺得浪費了金錢買保險，忘記了保險的基本作用是風險管理，繼而考慮終止保障型保險及將資金用作追求收益。眼見一些股票或股票型資產在市況暢旺時價格大幅飆升，更加令他們對儲蓄型保單的長線平穩回報失去興趣。對於這些因環境因素改變而導致期望改變的準客戶及現有客戶，為令他們重投保險產品的懷抱，與投資相關的人壽保單便應運而生。

根據大學保險教科書，對於投資相連保單，外國一般稱為變額萬用壽險 (Variable Universal Life Insurance Plan)，首次是 1985 年在美國出現。香港保險公司產品發展亦緊隨其後，根據香港證券及期貨事務監察委員會（證監會）網站資訊，第一個被認可的與投資有關的人壽保險計劃於 1990 年出現，直至 2020 年 12 月初，能夠從證監會網站找到的同類產品總共有 300 個。

在保險業監管局制定的《投資相連長期保險考試研習資料手冊》中，介紹投資相連保單中的保單價值是與相關投資的表現直接掛鈎

的，而相關投資即是保險公司所管理的單位化基金，或是其他基金公司的單位信託或互惠基金。投資相連保單可以有多種形式，但運作上都是將保費用於購買保單中的投資選項，提供人壽保障及支付保單的不同費用。投資相連保單與傳統壽險及年金主要不同是投資決定權。傳統壽險及年金的投資由保險公司決定，投資相連保單的投資決定由保單持有人決定，一般這類保單都有數十至超過一百個投資選項供保單持有人選擇，包括環球股票、債券和多元資產。也有更仔細的分類主題，例如行業、資源、地區及是否分派收益等。不同投資選項可令保單的價值出現很大差距，而這類保單的受歡迎程度也容易受投資環境影響。

表 3.7：投資相連個人人壽業務

	有效保單數目	有效保單數目年度變化	年度新造保單數目		有效保單數目	有效保單數目年度變化	年度新造保單數目
2020	1,231,426	(28,430)	36,802	2008	1,595,115	215,265	316,122
2019	1,259,856	(56,826)	28,672	2007	1,379,850	351,152	429,521
2018	1,316,682	(55,058)	46,813	2006	1,028,698	220,813	287,871
2017	1,371,740	(91,568)	33,802	2005	807,885	163,991	212,828
2016	1,463,308	(83,868)	14,811	2004	643,894	153,161	180,289
2015	1,547,176	(81,879)	23,722	2003	490,733	66,687	107,803
2014	1,629,055	(44,901)	71,462	2002	424,046	53,778	115,661
2013	1,673,956	(45,954)	91,353	2001	370,268	84,568	160,911

	有效保單數目	有效保單數目年度變化	年度新造保單數目		有效保單數目	有效保單數目年度變化	年度新造保單數目
2012	1,719,910	(17,499)	114,857	2000	285,700	83,088	
2011	1,737,409	49,676	158,462	1999	202,612	52,290	沒有資料
2010	1,687,733	45,800	167,973	1998	150,322	27,549	
2009	1,641,933	46,818	151,551	1997	122,773	-	

資料來源：保險業監管局網站

　　上表是這 20 多年間投資相連保單的發展狀況。從年度新造保單數目來看，投資相連保單過去最光輝日子必然是 2007 年，當年恆生指數第一次突破 3 萬點，之後 2008 年美國發生金融海嘯，全球股市大瀉。由於金融海嘯在下半年發生，所以新造保單數目仍然理想，其後便開始進入艱辛階段。2013 年中，金管局向銀行發出新的投資相連保單監管銷售指引，令銀行相繼停售投資相連保單，我執筆時狀況仍然未有改變，直到 2017 年銷售才重拾升軌，而原因有兩方面。首先，香港恆生指數再見 3 萬點以上；除此之外，有些保險公司在投資相連保單中增加了每月派發收益的投資選項，提升了產品的吸引性。可惜踏入 2019 年，政治和經濟因素令投資氣氛回落，2020 年全球疫情則令保單銷售受影響。

　　單從新造保單數目來看，似乎保單的吸引性相比以往最巔峰時候大減。從另一角度看，今天仍然選擇投保的人士，應該更清楚投保目的，亦不應只是因股市變動而追求投機性收益。

　　由於投保人選擇投資項目，故投資相連保單的風險較一般傳統儲蓄人壽保單高，監管機構要求客戶在投保時必須了解產品是否適合個

人需要，投保這類保單需要填寫多份文件，包括《財務需要分析》、《風險承擔能力問卷》、《重要資料聲明書》及《申請人聲明書》。

　　《財務需要分析》的用途是協助客戶了解自己的情況，包括需要、財務狀況及支付保費的能力和意願等。當準客戶在《財務需要分析》的程序中表示「投資」是其中一個選擇保險產品的目標時，保險顧問必須在向客戶介紹或建議投資相連保單前收集資料，以確知客戶是否有能力並願意按個人決定去選擇並管理投資相連保單中不同的投資選項。透過《風險承擔能力問卷》，投資相連保單的投保人可以確定自己的投資目標、偏好投資年期、風險承受能力、財務狀況、投資知識和投資人經驗，具體了解自己選擇投資相連保單為理財工具的意圖及個人限制。《重要資料聲明書》及《申請人聲明書》的作用當然是要求投保人作出聲明，在投保投資相連保單時清楚明白各個要項，例如產品特色、收費及責任等。假如想更全面了解投保投資相連保單時的各項規管要求，可以參考保險業監管局所制定的相關指引：

- 銷售投資相連壽險計劃（「投連壽險」）產品指引（指引 26）
  https://www.ia.org.hk/tc/legislative_framework/files/GL26.pdf
- 財務需要分析指引（指引 30）
  https://www.ia.org.hk/tc/legislative_framework/files/GL30.pdf
- 附錄 1—《重要資料聲明書》及《申請人聲明書》
  https://www.ia.org.hk/tc/legislative_framework/files/Appendix_1_GL26_Chi.docx

　　除了有機會長線增值外，由於投資相連保單都是一種人壽保單類別，所以也具備人壽保障功能。人壽保障選項方面可以是只有最基本按法例要求的最低保障，例如死亡賠償等於死亡時戶口價值的 5%；

亦可以是按個人需要而增加的固定保障。保單生效後，投保人選擇了的投資選項會隨市場狀況而改變價值，假如投保人選擇了可以由戶口價值抵銷的人壽保障安排，當戶口價值超越了保障額時，保險公司便可不需要為保障而扣除保險成本。變相在保費不變下，能夠有更大比例的保費投入在投資選項中，所以持有這類保單時間愈長，相對保險成本愈有機會降低，令收益更大機會增加。相比一般傳統人壽保險產品，戶口價值有機會因投保人承擔了較高風險，長遠可能會提升回報。然而，風險和回報永遠存在取捨關係，而且從保障額來說，這類保單未必提供足夠保障，保費相對保障的比率亦不及以保障為重點的傳統人壽保單。

由於投資相連保單具備人壽保障功能，所以亦普遍地用作財富承傳規劃，相比直接投資在基金或其他資產，這是一個大優勢。當基金或股票的投資者身故而沒有任何承繼財產安排時，例如遺囑和信託，其投資將成為遺產的一部分，需要按法定程序來處理。如果當事人身故前沒有做好遺產安排，隨時導致未亡人花費大量時間仍沒法獲得遺產，生活受到影響。然而，透過投資相連保單來持有投資資產的話，只要有死亡證便可以為受保人申請理賠，分配金錢予指定受益人。除應付生活外，也可透過不同的身故賠償支付選項來分配賠償額，令資金可以按保單持有人的意願來運用。

甚麼人適合投保投資相連保單？

✓ 首先是有保障摯愛未來財務需要的責任的人；

✓ 具備投資知識及經驗，懂得選擇投資項目；

✓ 期望保單擁有比一般儲蓄人壽保單更高的潛在回報，同時亦明白需要承擔風險；

✓ 需要運用不同投資選項進行分散投資及資產配置；

✓ 以中、長線為投資期，例如五年或以上的供款期。

投資相連保單的收費方式比一般股票及基金複雜，是影響投資者選擇的其中一個原因，大家要先明白股票及基金的收費模式，才能作出比較。我在 20 多年前從事投資顧問工作，提供建議的產品包括股票、基金及結構性產品等。當時客戶面對的其中一個疑問便是收費問題，有些客戶認為基金收費較股票交易費用為高，因此感覺「唔抵」。

有這種想法亦無可厚非，因為在數字上，每次股票交易低至 0.1% 的交易費用，甚至有證券公司標榜「免佣」交易，但沒有收入又如何營運呢？因此必須留意細節及條款，不要看過宣傳廣告的大字標題便算。另一方面，基金交易的買賣差價相對較高，有些交易費高達 5% 以上，故單純以每次交易費用來計算，分別顯而易見，結論是基金收費高昂！除此之外，維持戶口費用也是考慮重點，每次股票戶口有任何交易活動都可能會收取費用，例如股票派息會收取費用、購入股票後有存倉費、甚至有些證券公司會收取年度戶口維持費用等等。而基金方面，亦會收取每年管理費。

單用數字來說，股票必勝！不過，大家不要忽略影響交易成本的心理因素。投資股票會比較容易出現頻繁交易，當投資者選擇股票時，由於對每隻股票的概念及前景都有不同憧憬，因此投資者可能對多於一隻股票感興趣，即使每隻股票的投資金額不多，投資總額可能也不少。交易費用是按投資額及每一隻股票計算，而且買入和賣出都要收費，所以每次交易會令總收費增加。

我時常都說投資贏輸的關鍵，除了市場因素外，便是個人心理因素。一般投資者有機會因為不同原因而導致出現頻繁買賣，可能每日

都有多隻股票的買賣，而每次都需要收費，少數怕長計！而且不少研究已指出頻繁交易會影響總回報，所以頻繁交易的成本，除了有交易徵費外，還會影響組合價值。

相反基金投資者因為買賣差價較高的因素，較少機會選擇頻繁交易，很多時候都是投資後便靜觀其變，為時至少數個月。部分具經驗投資者的觀察期可能以年計算，故成本上較易預算。基金投資和直接投資股票的另一分別是個人參與投資決定權，基金需要依賴基金經理團隊管理，相信比一般投資者來得更專業，專業有價，自然需要支付管理費。

我同時投資股票和基金，一方面透過不同工具分散投資不同資產及市場，亦可以透過基金經理團隊管理資產，減少由個人作出投資決定所面對的心理偏差。因此，大家不能夠只以收費來決定投資產品，一定要考慮產品能發揮的用途。

了解過股票及基金的收費模式後，投資相連保單的收費又有甚麼地方要注意呢？投資相連保單的投資和基金接近，所有投資選項的參考投資都是一些市場上多人參與的基金項目，甚至買賣價格也是一樣，所以亦有人稱呼投資相連保單內的投資選項為影子基金。但收費模式和直接投資基金不完全相同，一般包括三類收費：

1. 計劃層面上的費用及收費，例如帳戶維持費，每年收取投資選項的資產淨值的某百分比，從投資選項資產淨值中扣除。

2. 投資選項層面上的費用及收費，費用包括由相關基金經理收取的管理費用，還有便是保險公司收取的管理費，按各投資選項而異，每年收取投資選項資產淨值的某百分比。

3. 基金層面費用，假如投資選項的相關基金另行徵收業績表現

費、買賣差價、或其他雜項費用等。

直接投資基金需要支付上述大部分第二項及全部第三項的費用，而投資相連保單的額外收費則主要是第一項及部分第二項。為了吸引投資者，保險公司會提供獎賞，例如週年獎賞及長期客戶紅利等，由於獎賞通常是等同戶口平均價值的某個百分比，然後再用作投資，增加投資選項的單位數目，所以實際價值也有變化。有關收費及獎賞的資料都會在《產品資料概要》中詳細列出。

正如我先前強調，完全一樣的產品可以比較收費來作出選擇，例如定期壽險；但當比較不同產品，便不能純粹只看收費。收費實際是反映了產品的用途及特性，當大家在股票、基金及投資相連保單中作出選擇時，需要明白心理因素如何影響買賣行為及投資表現，有興趣多了解的讀者可參考本人的《四桶金投資快上手》。另一方面，大家要清楚知道產品能夠協助自己達成甚麼人生目標，例如「對退休時的財政狀況感到安心」、「為家族後人的未來製造收益」和「為自己關心的人保存財富」等，本人另一本理財書《富足家庭 ABC》討論了 20 種不同的人生階段投資目標，大家可以參考。

透過投資相連保單，財富增值以外的最大優勢必然是可將資產傳承給自己期望的人，這是股票及基金，甚至其他資產都不能夠達到的效果。投資相連保單是一種「計劃」，協助達到資產配置、分散投資、製造入息、資本增值、人壽保障及資產傳承等人生目標；股票、基金、物業和存款等是不同資產，可以達到以上目標，但不能一種安排便符合所有用途，大家不要混淆。

3.6 可扣稅產品

自 2019 年 4 月 1 日，政府同步推出三種扣稅理財產品後，影響了整個理財行業的銷售習慣。三種扣稅理財產品又名「扣稅三寶」，即是自願醫保計劃 (Voluntary Health Insurance Scheme, VHIS)、合資格延期年金保單 (Qualifying Deferred Annuity Policy, QDAP) 及強積金可扣稅自願性供款 (Tax Deductible Voluntary Contributions, TVC)。

（一）自願醫保計劃 (VHIS)

自願醫保計劃是食物及衛生局推出的一項政策措施，保險公司和消費者均屬自願參與性質，投保人可以購買標準化的醫療保險計劃，一方面容易比較，另一方面納稅人有機會獲得稅務寬減。所有合資格計劃 (認可產品)，包括標準計劃及靈活計劃，必須符合或高於自願醫保計劃下的最低產品標準。

1. 「標準計劃」的條款及保障是劃一的，並設有最低要求，有興趣購買人士可透過保險公司網頁及自願醫保計劃的官方網頁查網所有認可產品的保費表，以下資料亦是來自官方網站 (https://www.vhis.gov.hk/tc/consumer_corner/faqs.html)：

   I. 標準的保單條款及細則、最低保障範圍及保障額；

   II. 保證續保至 100 歲，此保證並不會因您於保單生效後的健康狀況變化而有所改變；

   III. 不設「終身保障限額」，保障持續至受保人年滿 100 歲；

IV. 投保人可享有 21 日冷靜期，期間可取消保單並全數取回已付保費；

V. 保障範圍擴展至包括：

(i) 投保時未知的已有疾病——投保時未知的已有疾病是指在投保時已存在，而當時投保人未有為意的健康狀況，例如已有病症。根據產品的條款和細則，所有認可產品會由保單生效後的第二年和第三年，就投保時未知的已有疾病提供部分保障，分別為 25% 和 50% 的賠償，而在第四年開始提供全面賠償，即 100% 的賠償；

(ii) 先天性疾病治療——保障範圍包括投保人於年屆 8 歲或以後，出現或確診的先天性疾病的檢測及治療。償款安排與投保時未知的已有疾病相同；

(iii) 日間手術——保障範圍包括非住院期間（例如診所或日間診療中心）進行的外科手術；

(iv) 訂明診斷成像檢測——保障範圍包括在住院期間或門診進行的電腦斷層掃描、磁力共振掃描及正電子放射斷層掃描，而投保人需分擔 30% 的共同保險費用；

(v) 訂明非手術癌症治療——保障範圍包括放射性治療、化療、標靶治療、免疫治療及荷爾蒙治療；

(vi) 在本港醫院進行的精神科住院治療——保障範圍包括在本港住院期間接受的精神科治療。

2. 「靈活計劃」必須提供相等於「標準計劃」的基本保障，及更

具彈性的附加保障，而該附加保障受限於食衛局發出的相關規則。雖然計劃不設「終身保障限額」，但近年很多人購買的高端醫療保險計劃在設計上都有終身保障限額，而這些由高端醫療保險計劃改變而成的「靈活計劃」可照顧一些需要較高保障人士的需要，增加自願醫保計劃的彈性。為確保相關產品符合「有規範」的原則，只有符合以下條件的「靈活計劃」才可設置終身保障限額：

I. 每年保障限額必須最少達 500 萬港元；

II. 終身保障限額必須最少達 2,000 萬港元或每年保障限額的 4 倍，以較高者為準；及

III. 根據「標準計劃」框架規定的 12 個標準保障項目中，至少 10 個不設個別項目保障金額限額。

以下是《自願醫保計劃認可產品保單範本》中提到的標準保障項目及其保障金額限額：

表 3.8：標準計劃保障表

保障項目[1]	賠償限額（港元）	保障項目[1]	賠償限額（港元）
（a）病房及膳食	每日 $750 每保單年度最多 180 日	（g）麻醉科醫生費	外科醫生費的 35%[5]
（b）雜項開支	每保單年度 $14,000	（h）手術室費	外科醫生費的 35%[5]
（c）主診醫生巡房費	每日 $750 每保單年度最多 180 日	（i）訂明診斷成像檢測[2][3]	每保單年度 $20,000 設 30% 共同保險

保障項目 [1]	賠償限額（港元）	保障項目 [1]	賠償限額（港元）
(d) 專科醫生費 [2]	每保單年度 $4,300	(j) 訂明非手術癌症治療 [4]	每保單年度 $80,000
(e) 深切治療	每日 $3,500 每保單年度最多 25 日	(k) 入院前或出院後／日間手術前後的門診護理 [2]	每次 $580，每保單年度 $3,000 · 住院／日間手術前最多 1 次門診或急症診症 · 出院／日間手術後 90 日內最多三次跟進門診
(f) 外科醫生費	每項手術，按手術表劃分的手術分類—— 複雜 $50,000 大型 $25,000 中型 $12,500 小型 $5,000	(l) 精神科治療 每保單年度 $30,000	
其他限額：	保障項目 (a) — (l) 的每年保障限額		每保單年度 $420,000
	保障項目 (a) — (l) 的終身保障限額		無

註解：

(1) 同一項目的合資格費用不可獲上述表中多於一個保障項目的賠償。

(2) 公司有權要求有關書面建議的證明，例如轉介信或由主診醫生或註冊醫生在索償申請表內提供的陳述。

(3) 檢測只包括電腦斷層掃描（CT 掃描）、磁力共振掃描（MRI 掃描）、正電子放射斷層掃描（PET 掃描）、PET–CT 組合及 PET–MRI 組合。

(4) 治療只包括放射性治療、化療、標靶治療、免疫治療及荷爾蒙治療。

(5) 此百分比適用於外科醫生費實際賠償的金額或根據手術分類下外科醫生費的保障限額，以較低者為準。

「靈活計劃」的保單持有人可於保單續保時，在毋須重新核保的情況下，選擇轉移至標準計劃。因此，即使索償已達到終身保障限額，保單持有人仍可繼續獲得「標準計劃」的保障。

購買自願醫保的考慮

根據政府公佈的數字，由 2019 年 4 月 1 日推出至 2020 年 3 月 31 日，各保險公司共銷售了 52.2 萬張自願醫保保單，當中有 96% 投保人也選擇了保障更全面的「靈活計劃」，顯示了投保人也不是單純為節省稅款而投保自願醫保。截至 2020 年 7 月底，市場上的認可產品共有 67 款（包括 30 款標準計劃及 37 款靈活計劃）。

購買時首先不要「貪平」，保險保障沒有「愈平愈着數」這回事，最重要是是否適合自己及保障是否足夠。投保自願醫保計劃的首要考慮，也不是從節省稅款角度出發，應該考慮是保障內容，皆因醫療發展日新月異，賠付需要也不斷改變，投保人要謹慎作選擇。

除此之外，如果已購買了一般醫保而又打算轉買自願醫保的投保人，應留意以下在消費者委員會 2020 年 1 月 15 日出版的第 519 期《選擇》月刊中提出的注意事項：

- 評估現有醫療保障是否足夠，及經濟狀況能否應付額外保費開支；

- 比較原有保單及自願醫保的保障範圍及賠償限額，如原有保單的保障已經足夠，未必需要額外購買或轉移至自願醫保；

- 比較原有保單及自願醫保的保費，保險公司可能為吸引客戶購買或轉移保單而提供保費折扣，但多為短期或限時優惠，最重要是按負擔能力而決定，避免因未能負擔保費而影響保障；

- 留意轉移保單是否需重新核保或披露最新健康狀況，若需重新核保，有機會就當時的已知病症加設不保事項或附加保費。即使是未知的病症，新保單亦有機會於保單開始的數年只提供部分保障；
- 如有意選擇能提供全數賠償的計劃，留意是否提供自付費選項，小心衡量所需保費及選擇能負擔的數額；
- 投保時應按要求如實申報各項資料及病歷，避免因遺漏或隱瞞資料而影響日後的保障；
- 投保後應留意及保留保險公司的信件及保費收據，以作日後申請扣稅之用。

（二）合資格延期年金保單（QDAP）

合資格延期年金保單是既能夠為退休增加穩定收益，又可以享受扣稅優惠的產品。認可產品需要符合法定要求，包括供款期最少五年，總付出保費最少 18 萬港元，提取期需要有十年或以上，提取年金時年齡最少 50 歲，認可產品的內部回報率必須在其銷售說明書與保單持有人的相關通訊內清楚註明，而保證收益部分需要佔總收益最少 70%，而附加保障（例如危疾保障及住院現金等）的保費須與合資格延期年金的保費清楚分開等等。

截至 2021 年 3 月底，共有來自 19 間保險公司的 23 隻合資格延期年金保單仍然接受新申請。透過政府的推廣，大眾對年金的認受性亦提升不少，保險業監管局公佈 2019 年共售出約 96,000 張合資格延期年金保單，相關保費總額共 69 億港元。2020 年全年，新造個人年金保單亦有 94,065 張。

由於延期年金沒有投資選擇及有保證回報，投資風險相對較低，但延期年金供款期不短，一旦投保，便不能隨時取回款項，加上是為未來提供收益的資產，所以投保前需要了解是否適合自己。考慮的因素包括供款承諾、期望回報、預期提取時間、保證及非保證收益等。

（三）強積金可扣稅自願性供款（TVC）

強積金計劃一向都有自願性供款和特別自願性供款，但這些類別並沒有限制必須保存在帳戶，亦毋須待至 65 歲退休或符合法例訂明的特定情況才能提取，例如年屆 60 歲提早退休、完全或永久喪失行為能力、罹患末期疾病或永久離開香港等；可扣稅自願性供款帳戶則有指定條件，便是要與強制性供款的累算權益一樣，符合保存規定，需要持有到 65 歲退休或符合法例訂明的特定情況才能提取，供款才能夠享受扣稅優惠。

在強積金計劃中持有供款帳戶或個人帳戶；或獲強積金豁免的職業退休計劃的成員均合資格作出強積金可扣稅自願性供款。想獲得扣稅額的成員需要額外開立新的強積金帳戶，稱為「TVC 帳戶」，合資格人士向該帳戶直接作出的供款，才有機會享有扣稅。

相比 QDAP，TVC 的優點是靈活供款安排，參加成員可選擇定期定額或一筆過供款，並可因應情況隨時增減、停止或重新開始供款，但有些 TVC 計劃可能設有最低或最高供款額要求。另外便是期望回報，截至 2021 年 3 月底有 21 個提供 TVC 戶口的強積金計劃，直至 2020 年 9 月底，已開立了約 4.2 萬個 TVC 戶口，供款超過 23 億港元。

由於強積金是投資，不同基金的風險水平不同及由計劃成員自行

選擇，所以選擇的基金的潛在回報有機會高於 QDAP 的回報。然而，金融市場變化急速，最終能否如願獲得高回報，需待提取時才能下結論。持有期間的投資風險由成員承擔，因此管理上需要較多知識和時間，亦較容易受市場環境影響投資決策及表現。

（四）扣稅三寶稅務扣除

1. 自願醫保計劃（VHIS）

納稅人為其本人或指明親屬購買自願醫保計劃可申請稅務扣除。如納稅人或其配偶是認可產品的保單持有人，將可就支付購買認可產品的保費申請稅務扣除，申索的稅務扣除每個課稅年度每名受保人的最高保費扣除額為 8,000 港元。認可產品之受保人應為納稅人本人或任何「指明親屬」，包括納稅人配偶及子女、納稅人或其配偶的祖父母、外祖父母、父母和兄弟姐妹。稅務扣除在 2019 年 4 月 1 日起的課稅年度及隨後所有課稅年度生效。在 2019 年 4 月 1 日或之後，購買認可產品的保費，均合資格作稅務扣除。納稅人可申請稅務扣除的認可產品的張數不設限制。

假如面對較複雜的情況而不知如何計算稅務扣除，大家可以參考以下兩個網頁：

- 自願醫保計劃的官方網頁中的「消費者資訊專區」內的「稅務扣除」

  https://www.vhis.gov.hk/tc/consumer_corner/tax-deduction.html

- 稅務局網頁中的「常見問題」內的「根據自願醫保計劃保單所繳付的合資格保費的扣稅安排」

  https://www.ird.gov.hk/chi/faq/vhis_qp.htm

2. 合資格延期年金保單（QDAP）

　　只有購買已被認證為合資格延期年金保單（簡稱「QDAP」）的產品，其繳付的保費方可享有稅務扣除的優惠。其他不在保險業監管局認證為 QDAP 之列的年金產品，其已繳付保費並不可享有稅務扣除的優惠。納稅人可就其合資格延期年金保費申請稅務扣除，扣除總額以每課稅年度 60,000 港元為上限，但要注意強積金可扣稅自願性供款和合資格延期年金保費，是共用這 60,000 港元扣稅額的。另外，配偶可以代對方交付保費，也有機會享有扣稅優惠，但上限也是每人 60,000 港元。

　　如納稅人為自己或同住配偶，以保單持有人身份繳付合資格延期年金保費，便可申請有關扣除。保單持有人必須為自己、配偶或二人聯名，年金領取人同時必須在有關課稅年度內持有香港身份證。已婚納稅人可申索扣除由本人或其同住配偶為年金領取人繳付的合資格年金保費，但必須剔除配偶已申請扣除的同一筆款項。已婚納稅人及其配偶須就如何分攤扣除總額達成協議。納稅人可申請扣除為一份或多於一份合資格延期年金保單所繳付的合資格保費。保單數目不設上限。

3. 強積金可扣稅自願性供款（TVC）帳户

　　強積金可扣稅自願性供款（TVC）帳戶的持有人必須為納稅人本人，及只可就自己作出的可扣稅自願性供款申請扣稅。每名納稅人可獲容許的扣除額不得超過實際支付的合資格延期年金保費和可扣稅強積金自願性供款的合計金額；或指明最高扣除額，數額以較低者為準。2019/20 及其後課稅年度的指明最高扣除額（兩項合計）為 60,000

元。納稅人可申請扣除為一個或多於一個強積金可扣稅自願性供款（TVC）帳戶所繳付的供款，戶口數目不設上限。

如納稅人同時申索扣除合資格延期年金保費和可扣稅強積金自願性供款，則首先扣除可扣稅強積金自願性供款，如未達指明最高扣除額，才可扣除已繳付的合資格延期年金保費。大家可以參考稅務局網頁中的「常見問題」內的「『合資格年金保費』及『可扣稅強積金自願性供款』的扣稅安排」，多了解一些計算扣稅的問題（https://www.ird.gov.hk/chi/faq/annuity_qp.htm）。

（五）如何選擇扣稅三寶

假設就 QDAP 及 TVC 支付的保費及供款，合共可獲 6 萬元扣稅上限，買齊「扣稅三寶」可獲 6.8 萬元稅務扣除額，對需要繳交 17% 稅率的納稅人，總共可減免 11,560 元稅款。由於可申請稅務扣減的 VHIS 保單數目不設上限，所以能減免的稅款亦有機會更多。

QDAP 與 TVC 的稅務優惠共通，兩者的特性卻有點南轅北轍。先從回報分析，若有興趣購買人士想追求潛在高回報，便應該考慮 TVC，因為有機會透過選擇較進取的強積金基金而獲得高回報；相反，QDAP 的回報確定性較高，主要是來自保單的保證回報。然而，高回報也意味着高風險，如選擇了較進取的基金，顧名思義，以投資股票為主，風險及價格波動必然較大。如果你屬於低風險承受能力人士，會因持有進取投資資產而不能安睡，便不要羨慕別人投資股票或高風險資產發達了；相反，持有年金類資產便不用過度擔心，因有保證成分，但回報便不會有驚喜，只適合追求穩定收益的人。

這兩年環球經濟轉差，香港有些打工仔生計也受到影響，因此選

擇 QDAP 或 TVC 時也要考慮供款靈活性問題。有些 QDAP 產品需要供款 5 年或 10 年，甚至更長時間。如果擔心因經濟轉差，短期內突然失業而失去工作入息，未能繼續為已參加的儲蓄計劃供款，兩者之間便要選擇 TVC 了。TVC 的資金靈活性大一點，可以選擇月供、年供、隨時停止，或停止後再開始，同時亦能節省稅款，QDAP 並沒有這些彈性。

如果夫婦都是納稅人，兩項產品亦存在分別，因為夫婦不可就 TVC 供款申索共同扣稅，而 QDAP 則容許夫婦共同扣稅。例如一名納稅人為自己購買了一份 QDAP，並由自己繳付所有保費 6 萬元，納稅人的配偶可申請扣除全部 6 萬元的保費或按他們二人達成的協議（例如一人 4 萬元，另一人 2 萬元）申請扣除。他們二人獲容許扣除的總額，不可超過已繳付的保費，但 TVC 不能有這種安排。

即使一般打工仔的收入未觸及 17% 稅階，投保 QDAP 或供款到 TVC 可能只能節省數百元稅款，甚至更少，也不要以為不值得參加。因為運用 QDAP 或 TVC，可以在不增加風險的情況下，提升投資回報！

假設投資在 QDAP 或 TVC 的 6 萬元，每年可獲回報率 5%，若儲蓄 10 個年度，這筆錢在複息增長下會增至 97,734 元。

- 若一名納稅人收入不高，薪俸稅率為 2%，6 萬元供款可以節省 1,200 元稅款，變相他以 58,800 元作上述投資，10 年後賺到 97,734 元的話，期間的年度化回報為 5.21%，較原來 5% 的年回報率，增加了 4.25%！若納稅人處於較高的薪俸稅率，例如 10%，6 萬元供款可節省 6,000 元稅款，實際以 5.4 萬元作投資，10 年後同樣賺到 97,734 元的話，年度化回報為

6.11%，較原來 5% 的年回報率提升了 22.25%。若納稅人處於 17% 的稅率，節省 1.02 萬元稅款，實際投資額 4.98 萬元，也在 10 年後賺到 97,734 元，年度化回報更有 6.97%，較原來 5% 的年回報率大升 39.5%。

- 無論身處的稅率水平是多少，我認為在不承受更高風險下，能夠提升回報率，已相當值得考慮。

第四章

人生階段保險
規劃

「險」到用時方恨少！在不同人生階段對保險產品的需求也有不同，本章會將人生分為六個階段來討論保險的需要，分別是由出生至 15 歲以下、15 歲至 20 多歲的年青人、大學畢業後到 40 歲的在職人士、40 歲以上的中年階段、55 歲至 65 歲的準備退休階段，以及退休階段。

因為不同年齡及人生經歷，令我們對人和事都可能有不同想法，亦因此影響了我們如何安排保險。閱讀這章，讓你明白現時心態和年齡是否配合，更能夠知道在保險需要上怎樣才是 "Do what's right, the right way, at the right time."。

我時常提醒大眾購買保險不是便宜與昂貴的考慮，而是合適性和足夠與否的問題。於不同人生階段，有不同個人保險的需要，本章會將人生分開六個階段來解釋。

4.1 幼兒至少年階段 (出生至 15 歲以下)

建議考慮的種類及購買次序：

① 意外保險
② 醫療保險
③ 危疾保險
④ 儲蓄保險
⑤ 投資相連保險
⑥ 人壽保障

你在小學階段有否曾經以「我的志願」為題目作文呢？

年輕時對未來的志願可以有很多宏圖大志或天馬行空的想法，但將目光專注在目前時，孩子的要求卻可以很簡單及一致，大部分可能都只是希望每天都可以「吃喝玩樂」，關心今天的生活怎樣過，很少為完成學業後的人生作長遠規劃。根據香港《僱傭條例》的定義，「兒童」是指不足 15 歲的人，在這人生階段，當事人的人生規劃應該只是活在當下，其未來必須由父母代為打算。

而在孩子成長過程中，父母最基本的期望便是健康成長，更理想的當然是讀書聰明，學有所成！雖然只是最基本的需要，但家長必須由今天開始規劃，並延伸至未來孩子獨立前的潛在財務需要。

有些規劃是不論家長對孩子有甚麼期望都要安排，有些則是按家長的期望而安排，財務需要可以有很大分別。

「養兒一百歲，長憂九十九」，家長時常擔憂的是怎樣令孩子保持健康，將來能夠照顧自己及享有理想未來，就算不幸遇上疾病或意外亦能獲得最好的治療，而更長遠的計劃便是為未來的學業需要而儲蓄成才基金，甚至是置業基金、結婚基金和創業基金等。

根據政府統計處《主題性住戶統計調查第 68 號報告書》指出，經西醫診斷患上慢性疾病的人士數目，15 歲以下兒童組別中，男孩有 10.5% 和女孩有 6.9%，而年青人比較多的慢性疾病包括骨骼肌肉疾病、耳 / 鼻 / 喉疾病、眼病和哮喘等。另外，根據香港大學李嘉誠醫學院兒童及青少年科學系在 2017 年公佈的全港 18 區兒童受傷研究報告，按受傷類型分類，蓄意和意外受傷個案的排名由高至低為家居意外、運動受傷、普通毆打、交通意外、工業意外、自我傷害、虐待和非禮，所以家庭是孩子的避風港，亦是最大機會發生意外的地方，而且有時是意想不到。

燙傷比較常見，其他較少發生的，包括誤將頸鍊膠珠塞進鼻孔、遭鉛筆插頸，或被卡在廁板等。通常 3 至 6 歲的孩子最活潑可愛，但也是最容易發生意外的一羣，不論是百厭反斗，還是無妄之災，總之父母有責任保護孩子，亦要確保意外後能得到最好的照顧，因此父母要為孩子做好風險管理，例如醫療及意外保險規劃。

在醫療保險方面，由於兒童有較多意外或輕微病痛，所以對

門診的需求較大。除此之外，保障中亦會因應照顧需要住院兒童，提供父母或家人陪牀費用保障。兒童在發育期間會有較多和身體成長有關的問題，故部分兒童醫療保險會提供每年身體檢查，檢查內容包括視力、牙齒、脊椎和足部等，亦有一些會保障兒童常見疾病，例如哮喘、手足口病、德國麻疹和川崎病等。

除了針對疾病或意外相關的保障，也不能忽略危疾保障。應否為兒童購買危疾保險的看法存在分歧，認為沒有需要的人的主要論點是兒童患上危疾的機會較成年人低，從賠償機率角度考慮，較強調主觀預測；相反，支持為兒童購買危疾保險的原因是從付出保費角度考慮，因為年幼時購買危疾保險比較「着數」。同樣是保障到 100 歲、相同保障額及供款期，保費較成年時才購買便宜不少，而且年輕而健康時投保可確保不會被拒絕，所以是較為理性客觀的比較。做任何決定前，應該主觀及客觀地考慮各因素，大家不妨將所有支持及反對的原因都列出來，讓自己可以在毫無遺漏的情況下作決定，將來不論決定是否適當，都不會後悔。

4.2 少年十五二十時 （15 至 22 歲）

建議考慮的種類及購買次序：

① 意外保險
② 醫療保險
③ 危疾保險
④ 儲蓄保險
⑤ 投資相連保險
⑥ 人壽保障

　　這個階段主要都是由父母負責供養，其保險規劃與上一個人生階段有甚麼分別呢？

　　雖然同樣是由父母照顧生活，但 15 歲左右正值青春期，生理及心理各方面都由兒童階段發展為成人階段，亦是進入被形容為反叛年齡的階段。學習上壓力增加，人際關係又出現改變，開始對各種事情帶有主見及好奇心，更不喜歡受父母規限。因此，生活上開始拒絕受約束，再加上生活習慣因時代改變而不注重規律，健康情況面對更大挑戰。

　　我近年看過一些有關年輕人中風的報導。2020 年 6 月，一名在深圳居住的 18 歲青年確診腦中風，該青年經常通宵打機，主診

醫生指出經常熬夜及飲酒等習慣是中風主因，而報導更提及該名醫生曾接收一名只有 10 歲的中風患者。香港方面，有腦神經科專科醫生接受訪問時曾表示，曾接觸過年紀最小的中風病人只有 15 歲。在另一篇報導中，一名女中醫師亦分享了如何為一名 20 多歲突然腦中風，並一邊身癱瘓的少女慢慢改善狀況，而該少女的疾病，也是源於欠缺規律的生活和飲食習慣。她大學剛畢業後並未正式工作，生活習慣晨昏顛倒，而且暴飲暴食，發覺胖了便立即禁飲禁食，結果身體受不了折磨而出現嚴重後果。

除了中風，不少疾病都有年輕化的趨勢，例如乳腺癌、二型糖尿病和黑色素瘤等，伴隨社會出現更多不健康食品和濫用化學品，問題更趨嚴重，更多年輕人受影響。一篇 2020 年 3 月刊登的報導提及一名 19 歲少女確診罹患卵巢癌末期，更一度被告知生命踏入倒數，要待在安寧病房。幸好她生命力頑強，持續做了 40 多次化療後，到現時 22 歲仍然努力生存，相比醫生預估的 3 個月壽命，已經多了 10 倍。她檢討自己過去的生活模式，提醒女士們除了要定期做檢查外，更要做到「三不」：不要長期熬夜通宵，睡眠要充足；不要長期三餐進食時間不正常、不固定；不要常吃燒烤油炸類或加工食品。

身體健康以外，精神健康都是困擾年輕人的問題。根據世界衛生組織網站資料，精神衛生疾患佔全球 10 至 19 歲人羣疾病和損傷負擔的 16%，所有精神衛生疾患中有半數始於 14 歲。在全球

範圍內，抑鬱症是青少年患病和殘疾的主要原因之一，而自殺則是15至19歲年輕人的第三大死因。浸信會愛羣社會服務處於2017年的調查指出，年紀較小的市民精神健康相對較差，15至24歲組別中超越健康警界線的人數為46.9%。如青少年精神健康問題未能解決，便會延續到成年期，不但損害身心健康，亦限制成年後正常生活的機會。

從以上資料可得知，15至20多歲的年輕人會因為不同因素而導致健康出現問題，包括個人生活模式、社會發展和情緒問題等，身體及精神健康都有機會受衝擊。因此，最重要的保險規劃一定是醫療保險和危疾保險。有些人會認為年輕人患嚴重疾病機會較低而毋須購買危疾保險，但事實是不論機會高低都同樣有風險，保險規劃便是用有預算的保費來管理難以估算的醫藥費，所以沒有不安排的道理！

4.3 在職人士 (23 至 40 歲)

建議考慮的種類及購買次序：

① 醫療保險
② 危疾保險
③ 意外保險
④ 人壽保障
⑤ 儲蓄保險
⑥ 投資相連保險
⑦ 年金

職涯可以佔去人生一半或以上的時間，在這數十年間，保險需要亦會隨人生經歷而調整。由 20 多歲工作到 60 多歲的期間，上下半場的各 20 年時間的保險規劃重點也有很大分別。這一節討論的在職人士，主要是包括剛完成學業出社會工作到大約 40 歲的一輩，還在努力為事業打拼，即是處於職涯首 20 年的人。

剛踏入社會工作，預期收入一般不多，同一時間要應付生活需要，又多朋友間及工作上的消遣和應酬，甚至為了提升人力資本而自我增值，儲蓄不多是正常現象。我約 30 年前大學畢業時，第一份工作是在當年國際知名的會計師樓擔任審計練習生（Audit

Trainee），月薪只有 6,000 元，居於新界卻要到中環上班，工作時間長，工餘又要應付專業考試，每天舟車勞頓兼收入只剛可應付生活，實在不容易。還有些年青人畢業後需要償還學生貸款，一分一毫也要精打細算，要懂得如何控制支出。然而，年青人其中一個思考盲點，便是認為自己不容易生病，倒不如節省保費支出，拒絕安排及了解保險保障，很容易在這個階段因資金週轉原因而忽略了保險的重要性。

在這個階段的在職人士，應該考慮如何打好經濟基礎，財富增值方面還有很長時間可以學習及準備。若是健康出現問題，相關支出絕對不容忽視，如管理不善，必然影響未來的財富增長。針對保險的需要，不論自己是哪一崗位或家庭角色，都應該考慮既全面又能令你放心的醫療保障。另一方面，處於這年紀的人，工餘時間與朋友聚會或出外旅行亦很平常，活動愈多，發生意外機會便會愈高，因此意外保險亦是基本需要。

相比本人的年代，當今年青人是非常幸福的，因為父母通常期望子女長大後自給自足便可；而在本人的年代，一般需要供養父母。當然今天的子女也可能有這責任，當需要照顧家人時，人壽保障的重要性便會提高。這類保險產品的基本功用並非創造財富，而是當一個人於未完成責任前身故，人壽保單的賠償便能夠為他／她繼續履行責任，協助家人維持合理的生活水平。

除了人壽、醫療和意外保險外，這個年紀亦可以購買危疾保障，

能力容許的話可以用較短年期完成供款，減少未來的負擔；相反，當資金有限但又希望得到保障時，便可以選擇較長年期的危疾保障產品，降低每期需要的保費負擔。假若流動資金不充裕而又希望得到保障，亦可以考慮沒有儲蓄成分的危疾保障，但要有心理準備是過了40歲後，保費有機會明顯增加，降低投保人繼續投保的意欲。

基本上，理財計劃都是愈早開始愈好，雖然還有很長時間才退休，但能夠在這階段開始為退休安排，相信效果會更理想。因此，年金保單或是一些有較高潛在回報的儲蓄保險產品亦可以在這階段安排。

4.4 人到中年 (41 至 55 歲)

建議考慮的種類及購買次序：

① 醫療保險
② 意外保險
③ 儲蓄保險
④ 年金
⑤ 投資相連保險
⑥ 人壽保障
⑦ 危疾保險
⑧ 長期護理保險

我已年過半百，已經歷過「三十而立，四十而不惑，五十而知天命」的人生階段，回想那些年，總覺得人生要「逢十進一」，即 30 歲開始的每個十年過去便應該進入另一人生階段，必須達到某些人生里程碑才算不枉過。若你年紀與我相若，又有否類似的想法和相關行動呢？

其實安排適當保險保障都是我們這些年紀必做的事情。從約 40 歲開始，按一般人生階段的需要，我們必須擁有的保險規劃可從兩方面考慮，分別是今天的責任和未來的個人及家庭需要。

40 歲後到 55 歲左右，對作為家庭經濟支柱的人來說，如果事業發展穩定，收入及儲蓄開始漸入佳境。然而，家庭支出亦同時持續增加，或是仍然維持在較高水平，特別是需要供養孩子和照顧父母的三文治階層，還有機會正在供樓及為孩子未來的升學基金而儲蓄，他們必須擁有足夠的人壽保障，以應付因早逝而為家人帶來的財政衝擊。

　　不用照顧家人是否代表沒有保險需要呢？今天有人提倡「單身經濟學」，認為傳統的家庭觀念未必適用於今天的社會環境。以香港為例，人口性別比例女多男少，按政府統計處 2020 年 7 月出版的《香港的女性及男性——主要統計數字》指出，40 歲以上至 54 歲的香港人，「從未結婚、喪偶、離婚或已分居」的女性有 274,300 人，而同類別的男性有 154,400 人，比例為 1.78：1。顯示數以十萬計的單身男性或女性，需要為自己將來的人生規劃。要令生活過得好，需要有好的理財安排，除維持收入及儲蓄外，還要對一些「總要面對而難以預計金額及發生時間」的支出，控制在可負擔的水平，其中必然包括醫療保健費用，好的醫療規劃能夠以有預算的保險保費管理難以估計的醫藥費。

　　不同家庭組合中保險都有其重要性及需要，分別只是險種及次序。假如需要承擔家庭責任，便應該按個人情況而購買人壽保障。如責任是有期限的，例如需要準備子女教育基金或供樓，可以考慮安排保費較便宜的定期壽險。若然希望利用人壽保單作為累

積財富的工具，及到進入退休階段時也能夠繼續得到保障，可以考慮利用終身壽險應付因早逝而沒有能力償還按揭的風險，及為家人的未來需要提供儲備。

通常 40 多歲的人都感覺身體狀況開始走下坡，比較積極的做法是注意生活習慣及多做運動，但像我般較懶惰，或感覺每天都很忙碌而沒有時間及心情做運動的人，便會靠進食保健食品來維持狀態。不論你是哪類人，都要注意是否安排了適當的醫療保險，而這個年齡亦可說是購買危疾保障的最後機會。原因是當年紀再增加，保費自然隨之增加及身體狀況可能更差，如到時才購買危疾保障，結果是支付的保費總額有機會與出現索償時的所得賠償相差不遠。衡量過保費和保障的金額後，不少人會放棄投保。然而，不投保不代表危疾不會出現，若不幸患上危疾便需以儲備來醫治，必然影響更長遠的人生規劃。

4.5 準備退休 (56 至 65 歲)

建議考慮的種類及購買次序：

① 醫療保險
② 意外保險
③ 儲蓄保險
④ 年金
⑤ 長期護理保險
⑥ 投資相連保險
⑦ 人壽保障
⑧ 危疾保險

　　如果你將會在十年內便退休，相信已經開始對下一個人生階段的生活有所期待，而未真正發生的事情可以有很多想像空間，但真實又是如何的呢？根據美國商業預測及個人理財建議發行機構 Kiplinger 分享的文章及我的理財諮詢經驗，歸納了十種不同生活態度及行為的退休人士，分別是：

1. 充滿活力的好動者；

2. 積極回饋社會者；

3. 周遊列國的旅客；

4. 退休後繼續工作者；

5. 用錢很保守的人；

6. 為了生活而不能退休的人；

7. 與啃老族同行的人；

8. 充滿負能量的迷途者；

9. 孤獨地生活的人；

10. 依賴家人照顧的人。

名稱上已可以推測到每類人是怎樣過退休生活，第一至第四類是關於運用退休後時間的分別；第五至七類着重於金錢運用，第五類應有一定資源但很小心運用，第六類是資源較少而需要繼續工作，第七類是要與子女分享儲蓄；第八至十類退休人士應要注重個人的情緒問題。退休人士有可能屬於多於一種類別，而十種晚景有好有差，相信沒有人想成為第六至十類。

有人會相信人生很多事情是命中注定，即使不想成為某些類別的人，但命運使然不能改變。人生是否可以選擇呢？我亦相信冥冥中自有主宰，但並非盡一切努力都不能改變，只是怎樣計劃及付出多少努力，決定了甚麼結果。

因此，最後成為以上哪類或哪幾類退休人士，便要看怎樣規劃人生，愈早開始準備退休，愈大機會能夠決定成為哪類退休人生。只要不是短期內退休，便還有時間塑造一個更好的自己，當中包括兩方面的個人管理，分別是心態管理和財政管理。心態管理比較

複雜，可能牽涉到要改變一些既有想法，才能有改善。例如，與人接觸溝通方式或對家人的照顧程度等，如果不能接受這些改變，便難以改善。

相反，財政管理是較理性的規劃，包括風險管理及財富增值，只要按專業建議去執行及定期檢討便可以放心，當然合理期望亦佔了很重要的影響。

不同的管理策略中，保險規劃需兼顧兩方面。風險管理方面，退休時其中一類主要風險是因身體健康問題，導致醫療及長期護理支出增加，並影響需要體力的活動，例如旅行及一些義工活動等。多留意生活習慣、適量運動及注意飲食是預防措施，適當的保險保障是發生問題後的補救措施，保障全面的醫療及危疾保險可以減少將來因身體健康問題而導致的醫療支出；此外，長期護理保險計劃可針對一些退休後的長期支出提供支援，可惜這類保險在香港並不普及，唯有靠增加儲蓄儲備來應付。

退休後的現金流來自累積的財富，為應付基本生活需要，可以考慮現時便安排延期年金，提取期是開始退休時。未來退休是數十年的人生，因此理財產品應具備長線回報率高於平均通脹率的特質，非定息資產比例高於定息資產的儲蓄型終身壽險是其中一種可考慮的安排。

4.6 退休

建議考慮的種類及購買次序：

① 醫療保險
② 意外保險
③ 儲蓄保險
④ 年金
⑤ 投資相連保險
⑥ 人壽保障
⑦ 危疾保險
⑧ 長期護理保險

香港沒有法定退休年齡，但不論是 60 歲還是 65 歲退休，退休後的保險規劃應如何安排呢？香港基督教家庭服務中心過去曾發佈過一個有關退休關注或憂慮的七件事情的調研，很有參考價值，依關注程度排列分別是醫療、退休後生活、金錢、旅遊、社區安老、人際關係及照顧家人。

七件事中，醫療是受訪者最關注事項，可惜亦是非個人能控制的事情，由於「老而無醫」的直接影響是難以預算支出，更為病人和家人構成更多憂慮，所以醫療保險是退休後必備的保障。早

前的人生階段曾介紹過，在此不贅。另外的六項關注或憂慮事項，反而不少都是個人能掌控的。怎樣做才能處理以上憂慮呢？其實都是心理與理財問題。

退休後應是另一人生階段的開始，一般人毋須再工作，加上不少人生責任應該已完成，例如供養子女成人或是還清物業按揭，擔子輕了，應該是享受人生的時間。偏偏有些人卻在退休後面對更多不確定因素，反而增加了憂慮，處理不善更會導致患病。

根據精神科專科醫生，「老年抑鬱症」通常是指 65 歲過後而出現的抑鬱症狀，根據青山醫院精神健康學院網站資料，大約 7% 的長者患有抑鬱症，原因可能來自痛苦經歷，或是退休時失去了人生方向，甚至是身體機能變差所致。「心病還需心藥醫」，自己問題自己理，若不希望一把年紀才要面對這些問題，便要從心理和理財兩方面準備。

心理上需要學習如何正向面對環境挑戰，學習接受人生未必完美，而且心理會受人際及個人想法所影響，因此要維持心理健康便要多結交帶有正能量的人，亦要維持終身學習的態度。我雖然未到 60 歲，可能由於從事培訓工作，時常會提醒自己「三人行，必有我師」，每天都在學習，時常感覺時間不夠用。此外，不少事情已編排了在退休階段進行，相信到時沒有空患上「老年抑鬱症」。

另一方面，多參與社交活動，能夠透過與朋友、親人或其他人士（例如社工和各類專家等）互動，提升能量及充實生活，找到

退休後的生活寄託。不同活動都有機會用錢，因此要有好的理財計劃，為生活需要而提供資金。在保險規劃上，退休後應該有年金及有儲蓄成分的人壽保單，為日常生活提供穩定現金流，而保障額則要考慮整體財富組合狀況、個人風險承受水平及對家人未來的承傳安排等問題。在第五章，將透過個案詳細分享相關知識。

除了以上七件事，還有調研中沒有提及但又非常重要的第八件事，便是家人需要長期照顧已退休家人的憂慮。面對全球人口老化問題，加上資源有限，長者（包括未能自理者）數字持續上升。如果沒有個人儲蓄，便可能要靠家人幫助，大家都會感到壓力，故為了能有尊嚴地享受退休及避免增加家人負擔，便應該為退休後的人生階段準備長期護理保險或儲備。

走到人生最後階段時，最捨不得的應該是摯愛親友，部分退休人士為了令家人未來有更好生活及更多選擇，會安排承傳規劃。常見的五類安排方式包括信託、遺囑、人壽保險、送贈及聯權共有資產。五種安排中，只有人壽保險同時具備長線穩健增長及身故大額賠償特性，滾存愈長時間，效果愈理想。

第五章

保險個案
規劃

P L A

真人真事最能夠感動人心，本章會透過十個不同的真實個案，期望令大家知道在不同的人生關口，怎樣安排財政事宜才能無悔今生。當然永遠不要相信理財可以一勞永逸，人生的趣味及挑戰便是不能預計所有變數，只可以靠正確方案及持續檢討才能達到目標。

十個個案背景包括年青單身人士、年青夫婦、有年幼子女的家庭、有年長子女的家庭、沒有子女的家庭、熟齡單身人士，以及已退休人士。

在首四章分享了一些有關保險和風險的產品知識及概念，亦談過不同人生階段的保險規劃，本章會以個案形式分享如何運用保險及其他理財產品來應付不同的人生階段的需要。個案會按常見人生階段來分類，從實際執行角度來解釋，希望能夠令讀者更易代入其中，明白如何運用適當的理財產品。

七個常見人生階段包括：

1. 年青單身人士

2. 年青夫婦

3. 有年幼子女的家庭

4. 有年長子女的家庭

5. 沒有子女的家庭

6. 熟齡單身人士

7. 已退休人士

5.1 年青單身人士

個案一 (Onson)

職　　業：	公務員
年　　齡：	27 歲
收　　入：	每月 $23,000
其他背景：	未婚，與父母同住
理財目標：	希望學習一套能持續運用的投資理財策略

Onson 的父母從事金融業，但兩代之間對投資理財的取態差天共地，其實不難理解。Onson 亦因工作而未能緊貼大市，股市經常大上大落，大部分情況都是「贏粒糖，輸間廠」。痛定思痛後，他希望學習一套能持續運用的投資理財策略。

我曾經年輕過，當然明白年輕人的進取心態，加上父母都是行內人，Onson 更是由小到大耳濡目染。另一方面，年青人未必言聽計從，總有自己的一套，想親身驗證自己的想法。因此，不論父母平日如何向兒子灌輸正確理財觀念及風險管理，Onson 在大學畢業後，對進取投資都情有獨鍾，包括衍生工具如牛熊證及認股權證等，最終當然是損手居多。

Onson 有一點比我優勝，便是這麼年輕已知道問題所在，亦幸運地未有被嚴重的金融動盪打擊。從現時開始，只要能夠有適當的計劃，未來財富增長的道路相信會很不錯。

最基本應先從管理現金流着手，現時 Onson 每月配置在股票、基金及強積金的金額共 9,800 元，佔月入 2.3 萬元的 43%。以不足 30 歲的年輕人來說，這個儲蓄比率已非常好。相反，我提醒他別把自己迫得太緊，因部分計劃可能有供款年期限制，如未能持續，有機會影響收費及未來潛在回報。

然後是應急錢方面，一般等同三至六個月的日常支出，以 Onson 每月支出 2.3 萬元計算，三至六個月的金額便等同 6.9 至 13.8 萬元，其銀行存款暫時有 15 萬元，故這方面已有適當安排。

至於個人風險管理方面，他現時只有危疾保障 100 萬，沒有人壽及醫療保障。我的意見是：購買人壽的主要目的是保障家人的未來生活，Onson 可以考慮根據對父母的責任，以及未來自己家庭的成員的需要作計算。假設現時需要承擔每月 7,500 元家用，以 30 年計算，不考慮通脹下，人壽保障需要 270 萬元。然而，當未來的家庭狀況有變，需要的人壽保障很大機會要增加，故建議透過定期及終身壽險的組合安排這方面的保障。另外，由於工作上沒有團體醫療福利，也必須即時安排醫療住院保障。

完成了保障的部分，便要處理資產增值的事宜。我建議 Onson 應該考慮將投資分佈在兩大類項目，分別是平穩收益組合及長遠增值組合。由於他現時年紀尚輕，可考慮一些較長期的儲蓄計劃，為未來提供平穩收入。參考他目前年紀，運用 100 法則，27% 的可投資資產可配置在平穩收益的工具，例如投資級別的債

券或債券基金、派息保單或年金類產品等等，選擇哪一種視乎可運用金額而定，而目標提取時間取決於人生各階段所需的支出，例如孩子教育經費及個人退休生活安排等。由於現時未有具體計劃，相信可先定十年儲蓄期，望到時能創造一筆穩定現金流。

其餘 73% 可投資資產可考慮配置在一些長期增值工具上，包括股票及股票類基金等，至於 Onson 以往曾經涉獵的衍生工具，假如只是投機性買賣，便要三思。進取資產方面，目前 Onson 已持有股票、基金和強積金，而絕大部分都是投資於香港股票市場，但需注意分散風險。

理財重點：

1. 現實不存在「低風險、高回報」的工具和策略。

2. 不要因為別人的問題而令自己失去應有的保險保障，應該明白「有病但無錢醫」的煩惱，以及長壽衍生的長期醫療支出問題。

3. 先處理人身風險保障，再考慮長遠增值。

4. 夫婦應一起思考理財目標及選擇投資工具，夫妻同心，未來數十年共同經歷好與壞，令人生更豐盛。

5.2 年青夫婦

個案二（Tina）

職　　業：	社工
年　　齡：	36 歲
收　　入：	每月 $35,000
其他背景：	結婚數年，仍然與丈夫享受二人世界，未有生育打算
理財目標：	如何在五年內，將 100 萬現金滾存到 200 萬

何謂投資？何謂理財？希望透過財務產品為手頭資金增值，相信是很多人的希望，年紀較輕的大多比較進取，反而將投資和理財，甚至是投機的概念混淆。他們只希望短時間內賺大錢，忽略背後必須承擔高風險，甚至是龐大的損失。

Tina 數年前曾經向我諮詢理財事宜，當時她為購買自住物業而煩惱，今次再見面時我發現她的理財目標大不同。當年從個人需要出發的她，今天卻多了「賺大錢」的危險想法，更顯得有點迷失。

上次見 Tina 時，她只有一個目標，就是希望買入一個港鐵上蓋的心儀單位。她早年因為工作緣故而認識樓盤附近的社區，非常喜歡那裏的環境，所以很希望購入該單位。當時樓盤仍是樓花，而當時我的結論是賣出自住物業加上擁有的資產，絕對有能力買

入安樂窩，既然喜歡及有自住需要，建議買入。我本以為再次會面時，Tina已有了下一步人生規劃，但原來並非如此。

原來Tina當年放棄購入心儀單位，繼續討論後，發現她初心已變。由最初希望擁有一個心儀單位自住，變為希望保留現有物業自住，同時多買一個單位投資，期望從中獲利卻又資金不足，只能等待較低價格買入，結果當然是失望而回。回想當日的決定是對是錯？由於初心已變，考慮的因素都不一樣，對與錯只有Tina能回答自己。今次再與Tina會面，她的問題更簡單直接，便是如何在5年內，將手頭上的100萬現金滾存到200萬。先不討論用甚麼工具，純粹簡單計算，用5年時間，將100萬變成200萬，代表每年回報必須接近15%，不是沒可能，只是風險非常高。

我進行過數百個理財諮詢個案，明白Tina的心路歷程。正是因為最初的想法不能實行，之後Tina開始胡思亂想，期望能夠一步登天，追回過去的損失或是少賺的金錢。在這種狀態下，除非運氣好，否則急功近利往往導致巨大衝擊，做錯決定的機會率接近百分百。有見及此，我決定與她分析如何建構一個符合其風險和期望的理財組合。

第一部分是保存應急流動現金，大約等於3至6個月日常支出金額，即約6至12萬元，之後處理人身風險保障，包括人壽、醫療和危疾保障。然而，Tina因工作環境影響，見到不少長者因病早逝，壽命低於統計處公佈的平均預期壽命，早已認定人生苦

短。到今次會面，她如實說出另一負面想法，原來她非常抗拒保險產品，因她曾經與不夠專業的理財顧問溝通並產生了壞印象，覺得保險全都是騙人的。

我向她解釋，千萬不要因為別人的不當行為而令自己失去應有的保障，身為社工平日面對很多患病長者，應該明白「有病但無錢醫」的煩惱。加上現今社會，人不單止愈來愈長壽，醫療發達亦令很多絕症變成長期病患，衍生長期的醫療支出。我提醒她應該認清問題，並先處理人身風險保障這部分，才再考慮長遠增值。

談到能夠製造收益的理財產品時，由於 Tina 明白很難每年都平穩地賺取 15% 回報，並達成 5 年內將 100 萬變 200 萬的目標，所以她退而求其次，希望 5 年內將 100 萬變成 150 萬。根據計算，每年都要達到近 8.5% 回報，並非沒可能，只是風險不少！說到這裏，Tina 仍以為可以有「低風險、高回報」的工具和策略。

為了令她更清楚應該如何規劃財富、平衡回報與風險，我提出六種常見的投資理財工具：定存、儲蓄保險、債券、基金、股票和房地產，再根據不同指標，包括被動入息、保證收益、長期增值等，要求她分配現有的 100 萬元。她思考一番後，決定將不多於 20 萬元放於定期存款，年期介乎 1 至 3 年期，期望賺取大約 2 厘年利息；而預計投資最多的是股票，金額 50 萬元，預算持有超過 10 年。至於其他資金，她考慮投資車位，以收租為主要收益。經過這個練習，Tina 了解到無論如何分配資金，當平衡了風險後，

她最初所想的期望回報都是過分樂觀。她也更清楚自己的理財特質，就是分不清楚投資和理財，只希望短時間賺大錢，忽略了高回報的背後必須承擔高風險，且可能面對巨大損失。

透過是次面談，加上 Tina 早前見面時考慮買樓的經歷，我建議她想清楚如何做好一個全面的財富組合。我亦建議她夫婦兩人從現在開始一起認真地思考理財方向，如何選擇投資並非最重要，最重要是夫妻同心，未來數十年共同經歷好與壞，令人生更豐盛。

30 多歲的人，正值年輕搏殺期，理財心態上難免較為進取。然而，資金有限，不能沒有計劃，且不能只攻不守，基本需要包括以下五個部分：

1. 必須準備應急錢，並非為了追求收益，而是要靈活性；

2. 必須避免無謂債務，例如因為消費而透支信用卡或私人貸款；

3. 視乎家庭成員狀況，有未成年子女或有多人需要照顧的話，必須預備遺囑；

4. 需有人壽保險保障身邊人的未來生活，醫療和危疾保障則應對健康風險，控制難以估計的醫療支出；

5. 有餘錢便要投資，但不要混淆投資和投機，投資是有年期的累積財富計劃，投機是把握現時的機會期望短期獲利，如資金充裕及具備知識和時間，才參與投機，否則應專注於投資。

現有資產（港元）		每月收支（港元）	
現金	100 萬	個人收入	3.5 萬
股票	12 萬	個人支出（包括強積金供款）（2 萬）	
強積金累算權益	20 萬		
與丈夫共同擁有自住物業	570 萬		
未償還按揭	（220 萬）		
總資產	482 萬	盈餘	1.5 萬

理財重點：

1. 現實不存在「低風險、高回報」的工具和策略。

2. 不要因為別人的問題而令自己失去應有的保險保障，應該明白「有病但無錢醫」的煩惱，以及長壽衍生的長期醫療支出問題。

3. 先處理人身風險保障，再考慮長遠增值。

4. 夫婦應一起思考理財目標及選擇投資工具，夫妻同心，未來數十年共同經歷好與壞，令人生更豐盛。

個案三（Thorton）

職　　業：	公務員
年　　齡：	37 歲
收　　入：	每月 $60,000
其他背景：	已婚及準備生育
理財目標：	為自己及家人安排妥當保險保障，但不知應如何選擇，擔心「買咗無得賠」

很多人購買保險的目的是未雨綢繆，為未來的突發事故買個保障，可是有些涉及保險的糾紛（例如索償不果），令部分需要保險的人士擔心購買後都得不到保障。Thorton 與太太準備生育下一代，同時要照顧年長父母，現時二人各有一份人壽保險，約見我正是想為自己及家人的今後保險保障做得更好。從不同渠道接收了很多建議後，他們反而不知應如何選擇，最擔心是「買咗無得賠」。

　　與 Thorton 甫見面，他第一個問題便是應如何選擇醫療保險，詢問是否所有保險公司的產品都一樣。

　　如果所有產品完全一樣，唯一考慮因素便是保費，所以我提醒他基本上所有保險公司的醫療產品都大同小異，但不會完全一樣，因此不可以只以保費高低決定是否合適。

　　除此之外，醫療產品能夠產生最大用途的時候，並不是購買的一刻，反而是未來某一天不幸遇上意外或疾病而需要治療之時。部分人往往因沒有考慮清楚，只從價錢決定，到需要索償保險時，便出現問題，因此不能只看保費多少而決定於哪一家公司投保。

　　醫療保險除了住院現金外，都是採取彌償形式，即是實報實銷的賠償模式。因此，買得到並不代表保得多，我再次強調，要比較的不是便宜與昂貴，反而是應否購買和保障是否足夠。

　　另一方面，除了醫療保險，還有危疾保障，兩類產品的保障模式有別，但如果同時用作應付醫療問題，互相配合的重要性便很大。我建議 Thorton 如果不清楚應怎樣安排各項保障，最簡單應該

從入息比例考慮，例如純粹作風險管理的保險產品包括醫療、危疾和人壽保障，每月總保費支出可考慮控制在收入 10% 至 15% 內。

現時 Thorton 用作支付個人風險管理的保費每月為 1,440 元，可以運用 6,000 至 9,000 元於保險保障，加上他與太太的收入相若，都是家庭經濟支柱，故雙方需要的保障都相若，人壽保障每人增加約 250 萬元。以他的需要次序為本，先要安排的是醫療保險，然後是人壽保障。有指定期限需要的保障可以購買定期壽險保障，而預算充裕下亦可以運用有儲蓄成分的終身壽險，最後便是危疾保障。

如果擔心將來的醫療支出龐大，可以考慮保障全面的高端醫療產品，再配合一份保障一般的醫療保單，以抵銷高端醫療產品的墊底費。如果擔心一旦出現危疾而額外需要大筆生活費和醫療費，便要考慮危疾保障。現時的危疾保單分為針對個別危疾保障，或是全面性可保障過百種不同危疾的類別，如何選擇要按不同人患上不同疾病的機會率來決定。

針對醫療支出的保障已差不多，Thorton 與太太現時居住的物業仍有未償還按揭，預計到 60 歲才完成供款，故未來 23 年必須確保如不幸身亡，上述債務不會成為未亡人的經濟負擔。

除此之外，Thorton 有責任供養父母，估計 20 年少不了。如果以每月 5,000 元為考慮，便要預備另一份人壽保障，金額等同供養父母 20 年的最基本生活費，估計最少 120 萬元。因為上述安排

都是按指定期限需要而設立，如果要降低成本可以考慮定期壽險，但某些保障是希望能夠保存到未來老年甚至百年歸老，這些便需要運用有現金價值的人壽保障安排，包括過身後未完的心願，還有退休後可用作應急資金的現金價值儲備等等。

面談後期，我開始與他們分享生兒育女的短、中和長期的安排。因 Thorton 預計很快便有孩子，所以他現時應即時考慮兩方面，分別是居住和平日照顧孩子的問題。再長遠些便是未來的教育需要，更長遠的問題便是自己的退休計劃。

Thorton 和太太對投資興趣不大，主要透過儲蓄為未來退休準備，但以今天的利息回報來看，本金隨着時間過去，會因通脹而降低購買力，我提醒 Thorton 應按未來需要而製造現金流。一般法則是，未來三年內需要的資金，理財工具只可以是保守類型，例如定存及短期到期的優質債券；隨時間增加，例如五至十年內需要的，可以是儲蓄保險和均衡基金等；而再長期的現金流需要，可以以股票類資產為重心。當然到退休時，穩定入息工具的重要性最大，例如年金；而未開始投資創富前，我提醒他應該先安排應急錢和保險保障。

現有資產（港元）		每月收支（港元）	
現金存款	15 萬	每月收入	60,000
強積金	80 萬	家庭及個人支出	(40,000)
自住物業	780 萬		
未償還按揭	(200 萬)		
總資產	675 萬	盈餘	20,000

理財重點：

1. 保險產品大同小異，但不會完全一樣，不可以只以保費高低決定是否合適。

2. 純粹作風險管理的保險產品，總保費支出可以入息某個比例來考慮，例如控制在收入 10% 至 15% 內。

3. 人壽保障金額應按現時債務及責任來估算。

4. 未來三年內需要的資金，理財工具只可以是保守類型；五至十年內需要的，可以是儲蓄保險和均衡基金等；再長期的現金流需要，可以以股票類資產為重心。

5.3 有年幼子女的家庭

個案四（Fred）

職　　業：	中學教師
年　　齡：	36 歲
收　　入：	每月 $60,000
其他背景：	與太太育有兩名孩子，分別 4 歲及 7 歲
理財目標：	希望 60 歲退休

　　教師這工作給人薪高糧準的觀感，但每個家庭的處境不一樣，特別是對於有物業、有家庭的人，負擔可不輕。Fred 任職中學教師，同時是一家之主和業主。雖然事業及家庭方面的發展亦算平穩，但對於未來卻一頭霧水，理財觀念近乎零。來到 36 歲之齡，肩負多方責任的他，希望盡早為未來退休打算，可以從何開始呢？

　　Fred 在大學畢業後數年才決定加入教師的行列，明年便是第十個年頭，身為教師，他認同身教和家教對孩子的影響最重要。兩夫婦在今年初決定，由 Fred 肩負賺取收入的工作，另一半則留在家中照顧分別 4 歲和 7 歲的孩子，確保他們能夠健康快樂地成長。Fred 考慮到已作了人生較重要的決定，包括剛為居所裝修及兩名孩子都進入求學階段，下一步便是為更遙遠的退休需要準備，期望 60 歲時退休，享有每月現值 3 萬元的退休入息。

Fred 大學修讀語文系及教學，自言對投資理財一竅不通，亦從來沒有考慮過相關問題。直至近期，因孩子逐漸成長，令他明白醫療保險的重要性，希望為他們做好規劃。雖然很想為未來退休打算，但卻不知從何開始。看看 Fred 現時的財富組合，實際沒有多少流動及可投資資產，最大價值的資產是一個自住單位，由於不想有過多財政責任，故當時用了大部分儲蓄置業，未償還按揭的金額不算高，只有 89 萬元。他向家人借了 10 萬元裝修居所，現每月攤還，預計一年左右會還清。另一項大額資產便是公積金計劃中的累算權益，除物業和公積金以外，他也為孩子安排了兩份儲蓄保險。待孩子到 18 歲時，便可以有分別 12 萬元及 15 萬元，顯然不足以應付本地大學的開支，Fred 計劃以屆時入息填補。

嚴格來說，我認為 Fred 並沒有任何有系統的規劃，為將來不同階段的現金流需要而儲蓄。因此，我由最基本的理財規劃概念課開始解說。第一項是應急資金，為了應付即時的應急需要，Fred 應該保存等同大約 3 至 6 個月日常開支的存款作應急資金，現時每月支出大概 5 萬元，所以最基本都要有 15 萬元。基於現時只有 2 萬元現金，他現在必須多累積約 13 萬元儲蓄，才能夠考慮其他理財安排。

同時，由於 Fred 是家庭收入的唯一來源，他應安排一些針對責任需要的保險保障，而他從來沒有考慮這方面，學校也沒有提供任何保險保障。首先是人壽保障，除了未償還按揭的 89 萬元以

外，Fred 亦要考慮未來。他是家庭經濟支柱，萬一出現意外或疾病而不幸早逝，家人有多長時間的資金需要呢？計算資金需要的方法，一般以最小的孩子到達 25 歲來預算。Fred 家庭每月需要約 2 萬元生活費，較年幼的孩子現在才 4 歲，距離 25 歲有 21 年，在不考慮通脹下，總資金需要便是 504 萬元，因此 Fred 需要購買大約 600 萬元的人壽保障額。

至於未來的現金流需要，常用工具包括：平穩派息的股票、派息基金、派發收益的保險或年金等產品。計算方法首先是較年長孩子入大學的年齡，因為屆時將需要大額資金，18 歲時入讀大學，距今 11 年，到第二名孩子 18 歲時還有 14 年，而之後便應是 Fred 60 歲退休時，即 24 年後。不過，我提醒他雖然打算讓孩子留港讀書，而孩子入讀大學最快是 11 年後的事，但人的想法隨時會變，為了將來有更多選擇，我建議 Fred 考慮購買儲蓄計劃時，不妨以上述提及的年期開始提取收益。

至於在對沖通脹或資產長遠增長的安排，離不開股票類投資。由於現時 Fred 的流動資金不足及對高風險的投資了解不多，而他的長遠投資目標主要是應付退休，所以這部分主要依靠他的教師公積金計劃。

Fred 希望退休時有每月現值 3 萬元的退休入息，以預期壽命 85 歲考慮，加上通脹及未運用資金的假設回報，Fred 在期望退休年齡 60 歲時需要滾存到 1,691 萬元，才能符合其需要。參考他的

教師公積金計劃，假設其工作一直平穩，每年按通脹或薪金點改變而增加薪酬，加上政府贈款增加等因素，預計 60 歲時，Fred 能夠獲得退休金 1,132 萬元，相比所需的 1,691 萬元，仍有 559 萬元差距，需要依靠其他儲蓄來填補。假設年回報 5%，由 36 歲到 60 歲的 24 年，每月儲蓄 10,050 元，24 年後便能滾存 560 萬元。在完成償還借款予家人後，即 1 年後才能展開這計劃，而 Fred 已經安排足夠的應急儲備及各項保險保障。

當然，24 年後才退休，距離現在仍有相當長的歲月，故定期檢討是必須的。另外，能否累積期望金額，亦要考慮這段期間的支出模式，而影響較大的不明確因素，便是兩名孩子的教育和生活需要，這方面便要靠 Fred 自己與家人之間的討論及共識。

每月家庭收支（港元）		現有資產（港元）		保險安排
個人收入	60,000	現金	2 萬	每 年 保 費 共
家庭支出	(18,500)	公積金計劃累算權益	85 萬	$12,500，包括
個人支出	(10,000)	自住物業	600 萬	儲蓄壽險兩份
償還家人借款	(10,000)	未償還按揭	(89 萬)	（保額 $150,000
按揭還款	(6,500)	家人借款	(10 萬)	及 $120,000），
父母零用錢	(4,000)			供款期到孩子
公積金供款	(3,000)			18 歲。
盈餘	8,000	總資產	588 萬	

理財重點：

1. 理財是有系統的規劃，為將來不同階段的現金流需要而儲蓄。

2. 保存等同大約 3 至 6 個月日常開支的存款作應急資金。

3. 應安排一些針對責任需要的保險保障，首要是人壽保障。

4. 可按孩子入大學的年齡來計算未來的現金流需要，通常可用的工具包括：平穩派息的股票、派息基金、派發收益的保險或年金等產品。

5. 只靠教師公積金計劃累積資金，未必能達致期望的退休生活入息，故需要額外儲蓄，亦要定期檢討進度。

5.4 有年長子女的家庭

個案五 (Forson)

職　　業：	剛失業，暫時無工作
年　　齡：	54 歲
收　　入：	暫不適用
其他背景：	已婚，孩子將於 9 月入讀大學
理財目標：	希望了解突如其來的轉變對其退休計劃的影響

　　無論是 1997 年的亞洲金融風暴還是 2008 年的金融海嘯，Forson 都能「大步檻過」，更有機會因公司重組而獲得更理想的仕途。然而，身體騙不了人，他為了身體健康問題而轉工，公司卻在毫無先兆下結業，還有數年便 60 歲，孩子今年要入讀大學，突如其來的轉變，對他的退休大計有多大影響呢？

　　Forson 本想安分守己，在一家壓力相對較小的公司工作多幾年便退休，卻在幾個月前失業。他曾嘗試見工，即使願意減薪降職，老闆都怕他做不長，一遇到更好的機會就會離職，故他一直未能獲聘。

　　翻開 Forson 的資產表，一點兒都不複雜，連同已完成供款的自住物業，有近 3,000 萬元資產。雖然他現時沒有工作，但因為有一定「儲備」，所以要維持每月 6.5 萬元的個人及家庭支出，問題應

該不大。Forson 現時擁有價值逾千萬元的物業，已解決了基本的住屋問題。他過往曾在高位投資物業，但「摸頂」買入，幸好工作入息足以支持還款，所以在五六年前趁樓價上升，沽售投資物業，毋須虧蝕。今天回看，他經歷過樓市大幅上落及大額損失，猶有餘悸，因此今天只持有一個自住物業的他，並未打算再作物業投資，特別是考慮到可能離開香港退休。暫時最大興趣是旅居泰國，原因離不開支出較低，加上生活可以較熱鬧，而且他以往工作時，不時到世界各地開會，已習慣與外國人接觸，所以旅居海外並沒有大問題。

解決了住的問題，也早有退休計劃，我於是為他計算退休資金的問題。Forson 在高峰期的家庭年收入超過 300 萬元，而今天減了一大半，幸好太太是公務員，再過數年便退休，到時能夠享有長俸，生活基本上應該無問題。估計未來數年最大支出，應該是孩子的大學教育需要，孩子今年考文憑試，如果成績理想，會留在香港升讀大學；如果未達標，未能報讀心儀課程，便有機會到英美留學。由於時間緊迫，Forson 預留大約 300 萬元，當作孩子未來數年的大學教育基金及家庭應急錢。

至於物業以外，Forson 現時最有興趣是投資股票。除強積金外，他坐擁現金 1,600 萬元，等待機會「撈底」購買股票。他相信只要環球經濟發展平穩，股票獲利的機會較高，亦可以在股票組合中加入一些派息為主的股票，製造退休入息。他表示按 1,300 萬元

的投資金額，預計只要能製造大約 4% 平穩回報，每年便有大約 52 萬元生活費，足夠兩夫婦生活。

我認為 Forson 想法有其道理，但這種做法牽涉兩個重要假設，第一是股票市場不會出現大動盪並穩定發展，另外則是持有的股票能夠持續派發期望的股息。Forson 經歷過市場大上大落，再加上股票市場在過去的波幅非常高，無人可保證未來能穩定成長，而股市表現與經濟增長並非必然同步，故將所有計劃押注在金融市場，我認為風險絕對不低。

配合 Forson 的期望，我建議他考慮將資金分成兩部分，第一部分是未來 5 年的基本生活需要，以每月 4.5 萬元估算，大約需要 270 萬元。如果他決定要承擔較高風險，當撥開孩子教育基金和生活費、應急資金、未來 5 年生活和保險保費安排後，可以考慮將餘下資金用作進取投資。如果在 5 年後，投資未如理想，到時太太經已開始退休，可以運用政府公務員長俸維持生活費。投資的表現將決定太太申請長俸時，多少比例用作一筆過提取，以及多少用作每月提取收入。

至於現時保存的 570 萬元現金儲備，因有指定用途應付生活需要，亦有機會當作孩子的海外教育基金，所以不能承擔大風險，只可以是不同期限的定存為主。如果不想浪費資金的增值功能，另一種做法可以是運用我時常提及的「四桶金策略」，將資產配置在穩定收益及長遠增值這兩部分。做法與 Forson 的組合相比，分

別在於少了刺激及高回報的期望，但換來更有預算的生活。理財策略各施各法，是否適合自己，必先了解自己的需要。

在保障方面，由於 Forson 經歷過疾病和意外，所以對保險，特別是醫療保障很重視，自信一家三口已有充裕醫療及危疾保障。話雖如此，我提醒 Forson，醫療保障的風險是購買時一般不會用得上，但當使用時則有可能不足，特別是購買了超過 5 年的計劃，往往因技術和市場因素，令舊計劃的保障不足。年過半百後，用上醫療保險的機會較大，故必須定期檢討，亦不要因保費增加而貿然取消。

與 Forson 傾談了兩小時，他時常提到，希望能夠找到一份工作，以便「未來幾年便會好過些」。可惜礙於環境及背景，就算找得到，相信亦跟以往工作有很大差異。我擔心他未必能夠愉快工作，於是提醒他，要清楚是甚麼動力推動其努力求職。是金錢？打發時間？還是希望得到認同？

以年紀來說，如果人生可以分三個階段，第一個 30 年便應該是較少憂慮，由家人供養及照顧為主的階段；第二個 30 年便是個人奮鬥及獲取成就的階段。Forson 不經不覺已差不多走完首兩個階段。現時工作多幾年，對整體財富累積影響不大，而且以今天累積的資產應已足夠退休，毋須擔心。因此，我建議他與其執着於繼續尋找工作，倒不如及早展開人生第三個階段，正正是享受人生的時間。

Forson 提到，現時退休的其中一個大煩惱是，身邊大部分朋友仍在工作，難以找到「玩伴」。我認為事在人為，如果有心進入享受階段，便隨時有認識新朋友的機會。Forson 坦言，從未聽過或想過我提出的三分人生概念，需要認真考慮享受第三階段，還是繼續糾纏在第二階段。

現有資產（港元）		每月收支（港元）	
現金存款	1,600 萬	沒有收入	
自住物業	1,300 萬	家庭及個人支出	（6.5 萬）
強積金累算權益	60 萬		
總資產	2,960 萬	赤字	（6.5 萬）

理財重點：

1. 孩子今年考大學入學試，要兩手準備，預留儲備。如未能在香港報讀心儀課程，也可以留學英美。

2. 如利用股票製造退休入息，需要有兩個重要假設才能成事，第一是股票市場不會出現大動盪並穩定發展，另外則是持有的股票能夠持續派發期望的股息。

3. 可考慮將資金分兩部分，分別是用作未來 5 年的基本生活需要，以及長線投資。

4. 購買了超過 5 年的醫療保險計劃便需要定期檢討。

5.5 沒有子女的家庭

個案六 (Sarah)

職　　業：	任職醫管局
年　　齡：	46 歲
收　　入：	家庭每月入息 $100,000
其他背景：	已婚，丈夫 49 歲，二人沒有子女
理財目標：	希望提早退休，但又擔心加重丈夫負擔，希望知道退休後的日子應如何安排

　　人生不似如期，難關可能比想像的多。Sarah 在三年前確診患上癌症，現已康復中，但一場大病改變了其身體、生活及看法，現時希望提早退休。她今年只有 46 歲，未來漫漫長路，自住物業又未完成還款，提早退休會不會加重丈夫負擔，自己退休後的日子又應該如何安排？

　　確診患癌時，Sarah 的事業剛開始踏入黃金期，今天她正在康復中，但仍然需要持續治療，使用標靶藥。已重返工作崗位的她因身體變差，感覺工作壓力很大，擔心沒有充分休息容易令癌症復發，萌生了提早退休的念頭。雖然只是兩口之家，但自己退休，丈夫仍然需要工作，只有一人承擔家庭支出，成為其憂慮；另外要考慮的問題，便是提早退休後的日子應如何安排？問題非常現實，如

果財政上不可行，我認為已不用想太多，最先要從金錢角度出發。

Sarah 提早退休所需要考慮的資金包括生活費和診療費用，現時每個月的標靶藥物支出大約 1.4 萬元，而因為 Sarah 是醫管局員工，所以這部分支出可以得到豁免，她也有信心能得到批核，退休後可繼續免費使用現時的標靶藥物，因此可以不用擔心這部分支出。

因丈夫將會繼續工作到 65 歲，距今還有 16 年，所以物業將由丈夫全力承擔供款。如果還有盈餘，將用作補貼 Sarah 的使費。扣除丈夫的收入部分後，Sarah 預計每月還需要支出約 1.8 萬元，即是一年 21.6 萬元。

她現時手頭上能運用的資金總共 385 萬元，包括家庭存款、股票和強積金累算權益。Sarah 的儲蓄保險雖然亦滾存了 90 萬現金價值，但家庭的儲蓄相關保單，基本上要十年以上才完成供款，如果現在提早提取，會令後期增長價值受影響，故不計算這部分在內。

然後，我建議 Sarah 可以將現時 385 萬元的資產分為三部分，分別是應付未來五至六年入息需要的儲蓄組合，約 120 萬元；現有的 110 萬股票投資維持不變，作為長遠進取組合，再加上將剩餘現金共 155 萬元撥作平穩組合。其中儲蓄組合主要賺取存款利息，平穩組合期望能賺取每年 3.5% 回報，而長遠進取組合期望能賺取 6% 年回報。

除了這個安排之外，Sarah 和丈夫亦有透過保險作儲蓄工具，估計雙方到 60 歲時，丈夫會累積到 288 萬現金價值，Sarah 則有約 150 萬。另外，丈夫的強積金預計到 65 歲退休時，保守估計能夠有 150 萬。這三筆資金亦會在未來增加他們家庭的退休儲備，當然丈夫 65 歲退休時沒有收入，而預算到時支出與 Sarah 相若。

以這個規劃估算，Sarah 於 74 歲時，有機會用盡手上流動現金。29 年之後，丈夫亦已 77 歲。不過，實際情況可能與預期有差距，原因是有不少變數。向樂觀一面想，Sarah 的自住物業還有 21 年還款期，至 67 歲為止，之後支出會降低。二人的儲蓄保險將在未來 11 年內完成供款，換言之，將會有額外資金作為儲蓄應付退休需要。

另一方面，假如回報未能達到期望，資金比預期早用盡，到時便面對缺乏生活費的危機。假如真是出現沒有流動現金的情況，Sarah 手上仍有自住物業，到時可以考慮作為安老按揭，提供穩定收益。因 Sarah 和丈夫到時已 70 歲以上，申請安老按揭時可選用十年收益期，相對可以得到較高金額，所以從數字上分析，整體情況不差。

但我提醒 Sarah，計算時有三項重要假設：首先，Sarah 現時所接受的標靶藥物治療，將繼續由政府免費提供，病情亦要受控甚至完全康復；第二，丈夫未來 16 年的收入都維持穩定，如能穩定增加更理想，否則難以讓現有資金滾存增值，甚至被迫加速消

耗；最後是手上資金，包括股票投資和儲蓄保險等的收益能夠符合預期。

回報以外，控制支出都是退休生活開始後，必須「學懂」的生活技能，因此 Sarah 需要先管好自己的生活支出，有紀律地用錢，應使得使。另外，難以估計的支出亦要加倍注意，目前明顯不足的是人壽保障，萬一其中一方不幸早逝，Sarah 現有人壽保額並不足以用作償還按揭貸款。丈夫的保額亦只是稍高於此，必須盡快檢討。如不能增加保障額，便要增加儲蓄額，而危疾及住院保障也需要定期檢討。

Sarah 因身體健康狀況及工作壓力，希望能夠提早退休，至於夫婦二人是否同時退休，都是一個時常討論的問題。我相信這是很個人的，沒有絕對答案，就算專家的看法也有分歧。

不支持夫婦同時退休的原因，包括財政和醫療保障因素。當考慮到退休，年紀亦應該不年輕吧？可能都已經是「入五」到「登六」的階段，很大機會已累積了一筆不錯的財富，能多工作幾年，這筆財富的複息效應往往更明顯。在沒有特別壓力下，不妨考慮遲些退休。

另一方面，醫療保障亦是一個考慮因素，在職時自己及家人有團體醫療福利，一旦同時退休，可能失去醫療保障。

相反，認為夫婦應同時退休的人，比較着重情緒因素。如果夫婦兩人不是同時退休，就不是同步面對生活轉變，可能因此出現

不協調。我提醒非常繁忙的在職夫婦，以往沒有太多時間二人獨處，會很珍惜時光而互相體諒；一旦一同退休，時常一起反而可能有更多爭拗。因此，我認為沒有必定正確的選擇，但必須大家坐下來商量，尋求共識，少假設多關懷。

現有資產（港元）	每月收支（港元）	保險安排
定期及現金存款　220 萬 股票　　　　　　110 萬 儲蓄保險現金價值　90 萬 強積金（夫婦總額）155 萬 自住物業　　　　650 萬 未償還按揭　　（285 萬）	夫婦收入　　　10 萬 家庭及個人支出 　　　　　　（4.2 萬） 按揭還款及管理費 　　　　　　（1.6 萬） 保險　　　（9,166）	**Sarah** 人壽保障（港元）152 萬 危疾保障（包括在人壽保障額）58 萬 另有住院保障 **丈夫** 人壽保障（港元）345 萬 危疾保障（包括在人壽保障額）186 萬 另有住院保障
總資產　　　　940 萬	盈餘　　　32,834	

理財重點：

1. 將現時資產分為三部分，分別是應付未來五至六年入息需要的儲蓄組合；現有的股票投資維持不變，作為長遠進取組合，再加上將剩餘現金撥作平穩組合。

2. 計劃中的三項重要假設需要定期檢討是否有變化及按情況調整計劃。

3. 回報以外，控制支出都是退休生活開始後，必須「學懂」的生活技能。

4. 夫婦是否同時退休沒有必定正確的選擇，必須大家商量，尋求共識。

5.6 熟齡單身人士

個案七（Steven）

職　　業：	現職社福界管理層
年　　齡：	53 歲
收　　入：	每月 $90,000
其他背景：	單身及與家人同住
理財目標：	計劃兩年後提早退休，望了解財務上應如何安排

　　在香港生活忙碌，很多打工仔眼見手頭上有一定資產，都渴望提早退休，或轉做兼職，希望生活可輕鬆一點。無論是上述哪個選擇，將資產妥善分配都是必須的。Steven 在社福機構任管理層，計劃兩年後提早退休。現時有不少人已明白退休後為自己製造現金流的重要，我今次為他的可投資資產細分三份，按風險及回報分配，達致活到 99 歲也可安享晚年的滾存方案。

　　Steven 打算兩年後申請提早退休，但有點擔心屆時能否達到期望，或能否主動做選擇。為了更清楚說明其處境，他更在見面前電郵了一篇「千字文」，詳細列出自己的收支、資產現狀及不同保險單的內容。

　　在他的計劃中，估計 60 歲前仍能夠從事兼職，賺取每月 1 萬多元收入，一年大約 13 萬元。他估計退休後的日常支出與目前的

差別不大，換言之，一年他需要額外 32 萬元，以維持日常支出。由於 Steven 現時為單身，相信未來改變機會不大，所以較容易預算支出。

假設 Steven 兩年後真的退休，現時他每月能儲蓄 4 萬元。兩年之後，盈餘儲蓄便有 96 萬元，再加上現有的 290 萬元現金及估計約有 650 萬元退休金，他退休時將擁有 1,000 萬元。

我時常提倡一個好的退休財富組合，必須包括四種資產。首先是應急錢，一般等同於退休後 12 個月日常支出的金額，依現時 Steven 計算為 60 萬元。由於他現有的儲蓄保險已達致這數字，所以他不需要全部保存現金 60 萬元為應急錢，我建議他只保存一半，即現金約 30 萬元作應急錢，差額則可由保險的現金價值作支援。

退休後有很多使費都能控制，但醫療支出除外。Steven 現時的醫療保險每年保費約 6,500 元，保費隨年齡增加；現時的保額雖能保障九成住院及手術費用，但每年賠償上限為 30 萬元，面對需要長期治療的狀況，恐怕未夠全面，故 Steven 必須檢討這方面的保障額是否足夠。另外，因為 Steven 沒有未完責任，理論上沒有人壽保障亦問題不大，而危疾保險的賠償額有 100 萬元，相信能夠滿足基本需要。

第三種資產組合便是穩定入息，第四項是長遠增長資產，這方面我利用現金流分析，為 Steven 估計未來需要的資金收支狀況。

假設 Steven 在 55 歲退休時，將 1,000 萬元資金分為三部分。第一部分是 200 萬元的儲蓄組合，用作應付未來數年的支出；第二部分是 600 萬元的平穩組合，投資到每年平均 3.5% 期望回報的產品；餘下的 200 萬元可保存為進取組合，期望平均每年回報為 6% 或以上，並假設通脹率為每年 3%。

我向他提出，每年支出會按通脹增加。與此同時，儲蓄組合扣除該年支出後，以活期存款利率回報繼續滾存收益，故未來五年將差不多花掉該 200 萬元。然而，到 60 歲時，Steven 其中一份儲蓄保險到期，預期能製造 120 萬元回報來應付日常生活。

當這筆資金用盡，我提議可從平穩組合中調配資產到儲蓄組合，維持穩定收入。從現在開始，有 10 年或以上時間讓平穩組合增長，更大機會達到預期。同樣運作下，儲蓄組合資金用盡，又再由平穩組合調出資金。到 80 歲時，當另一份儲蓄保險到期，估計能提供 400 萬元作生活資金。

同樣假設，Steven 手上的儲蓄組合及平穩組合資產應有足夠資金讓他運用到 86 歲，屆時才考慮是否需要運用進取組合。最初有 200 萬元的進取組合，經過逾 30 年滾存，有機會滾存至超過 1,200 萬元，可讓 Steven 應付生活需要至 99 歲，而毋須以自住物業來製造入息。

因此，從資金流來看，只要 Steven 處理好一些預計出現的大額支出（例如醫療支出），相信退休後要過平平穩穩的生活應該問

題不大。相比之下，Steven 其實更要考慮未來的生活安排，始終快樂退休不應只有金錢，還應該有身體、心理及社交健康。

Steven 是社福界資深專業人士，我不放過機會，希望從他身上多了解一個迫切的社會問題，便是退休生活的安排。現時的政府政策，基本上向財政狀況不佳的長者傾斜，希望幫助他們能夠老有所依、老有所養。另一方面，對社會有很大貢獻但福利不多的一輩中產，卻要面對自求多福的「Do It Yourself」退休計劃。就像 Steven 一樣，資產狀況不差，但又未清楚能否安享晚年，同時從很多渠道接收到相關信息，卻不知道甚麼安排最適合自己。

針對這類長者或即將退休人士，同樣需要很多幫助。因此，我計劃於退休後提供長者理財教育，希望能夠運用個人知識和經驗，為這個社會迫切問題作點貢獻，而這亦是老有所為的退休生活。

現有資產（港元）	每月收支（港元）	保險安排（港元）
現金存款 290 萬 退休金累算權益 590 萬 自住物業 850 萬	收入 9 萬 支出 家庭及個人支出 （3.8 萬） 保險保費 （2,600） 退休金供款 （9,000）	已完成供款的儲蓄保險，預期 60 歲後取回 120 萬元（包括保證及非保證成分） 已完成供款的儲蓄終身壽險，預期 80 歲後取回 400 萬元（包括保證及非保證成分）

現有資產（港元）	每月收支（港元）	保險安排（港元）
總資產　　　1,730 萬	盈餘　　　　40,400	終身壽險有保障額 100 萬元，現金價值累積約 32 萬元 住院醫療保險保障九成住院及手術等費用，每年賠償上限 30 萬元 危疾保險的保障額是 100 萬元

理財重點：

1. 應急錢一般等同退休後 12 個月日常支出的金額，可以由現金及保險單的現金價值組成。

2. 在 55 歲退休時，將 1,000 萬元資金分為三部分。第一部分是儲蓄組合，用作應付未來數年的支出；第二部分是平穩組合，而餘下的可保存為進取組合。

3. 處理好一些預計出現的大額支出（例如醫療支出），相信退休後要過平平穩穩的生活應該問題不大。

4. 必須考慮未來的生活安排，因快樂退休不應只有金錢，還應該有身體、心理及社交健康。

個案八 (Elsa)

職　　業：	從事兼職工作
年　　齡：	43 歲
收　　入：	每月 $10,000
其他背景：	單身及與父母同住
理財目標：	期望收入能應付日常開支之餘，資產有所增長，並可一年內去一至兩次短途旅行

隨着父母年紀愈來愈大，不少人都希望縮短工作時間，抽多點時間陪伴父母，Elsa 就是其中之一。她原本當全職社工，兩年前為照顧年老雙親而辭職，現時沒有固定工作，只是偶然到社福機構兼職賺取微薄收入，不足以應付每月家庭開支。

Elsa 擔心生活入不敷出，保留 150 萬存款以作不時之需。面對收入不穩，加上照顧父母壓力大，連帶其生活質素大受影響，不敢與朋友旅行。人到中年，Elsa 期望收入能應付日常開支之餘，資產有所增長以應付通脹，並規劃退休生活，期望一年內能去一至兩次短途旅行。到底 Elsa 應該從何入手？

Elsa 的家庭生活開支並不少，未計個人生活費，單是父母生活費和工人開支每月需 1.1 萬元。面對收入下降，兼職所得的 1 萬元收入早已不敷應用。現時她與父母在房協單位居住，連同租金和雜費，每月家庭開支約 2 萬元。我建議她從現有現金資產中，保存一年生活費（即 24 萬）作應急之用已足夠，該款項不能有任何限制，亦不能夠承擔風險，只能存放在銀行。

Elsa 深知自己儲蓄不多，收入不穩，或需重新投入全職工作，擔心不能全面照顧父母，壓力大至影響生活質素。我認為她要規劃的不單止是退休資金，更重要的是退休生活。

退休後不能避免的支出包括與健康相關的醫療保障。鑑於她父母年事已高，身體狀況亦不理想，應該不能再購買醫療保險。相反，她處於中年階段且身體健康，宜準備這方面的保障。雖然已有一份保障一般的醫療住院保險，但保障並不全面，宜認真檢討有否需要另購醫保。

Elsa 所持有的資產以現金為主，也購買了一份年金產品，5 年後可製造入息，每月可提供 1 萬元生活費，為期 10 年。我建議她的其他資金應用作提供穩定入息，以及長期追通脹的組合安排，如儲蓄保險、年金和債券基金等；也可以組合式安排，有機會得到穩定收益外，也有增加入息的空間。

以上幾種派息產品中，她可先透過派息基金的入息作基本收入，再透過提取保險產品的入息作生活費。任何未動用的資金繼續保存在保險產品中，有機會得到較銀行存款更高的利息收益。

除了現金存款，家中另一資產就是國內現值 120 萬的物業。最初其父親購入本意用作度假及退休，但現時已沒有此需要，或可考慮變賣物業套現，應付她和家人未來的生活所需。

退休後的支出模式會隨着年紀及要求而改變，但我預期未來十年，Elas 家庭支出與現時相若。皆因其父母現已 80 多歲，10

年後家庭生活費用需要有機會減低，我建議 Elsa 將今天的資金安排分段提供生活入息。如未來 10 年，每年預計開支為 24 萬，共需要 240 萬，可透過現金存款、年金、變賣物業所得。

我亦建議她可考慮將未來 5 年需要的生活費（即 120 萬）存於在銀行，或一些較低風險的平穩收益工具之中。至於第六年生活開支，則可以考慮將現金存放在一些短年期且可以提款的計劃中，5 年後逐步獲取收益。在這段時間，Elsa 可以繼續從事兼職，既可照顧父母，也可賺取生活費。

至於長線增值方面，扣除應急錢、醫療保險安排和穩定入息所需資產後，可透過股票或長線持有以股票為本的基金產品，追到通脹之餘，亦有資本增值的機會。如她在未來 10 年新增任何收入，導致毋須動用已安排的生活費，則可透過一筆過形式作長線投資。

另外，我提醒 Elsa 在退休生活中，朋友和家人同樣重要，因此要好好建立朋友圈，建議 Elsa 不妨於淡季到東南亞探望朋友，減低機票支出之餘，朋友定會好好招待。這是享受生活的其中一種方法，亦是時候好好規劃未來 15 至 20 年最精采的退休人生。

不少人都喜歡購買有儲蓄成分的人壽保險單，覺得可以儲錢之餘，也有人壽保障。假若不幸意外身亡，家人也可有一筆應急資金。Elsa 與我見面前，卻在不了解人壽保險特質的情況下，剛將一份供了很長時間的保單轉換成另一份有儲蓄成分的人壽保險，期望 65 歲後能製造更多退休入息。然而，以 Elsa 個案為例，新購

買的具有儲蓄成分的人壽保險單未必完全符合其初衷,但鑑於已作決定,也無謂再做任何轉變,可當作儲蓄為未來退休增加入息。

我提醒她,根據保險業監管局的規定,轉保前需簽署《客戶保障聲明書》,當中列明轉保構成的財務影響、對受保資格構成的影響和對索償資格構成的影響,宜先了解清楚再決定是否轉保,不應只顧即時的收益而放棄長遠計劃安排,有需要時也不妨查詢專業保險顧問。

資產狀況(港元)		每月收支狀況(港元)	
現金存款	1,500,000	每月收入	10,000
年金累積價值	460,000	父母及工人支出	(11,000)
家人內地物業	1,200,000	個人支出	(3,000)
		租金	(4,000)
		雜項	(2,000)
總資產	3,160,000	家庭每月赤字	(10,000)

理財重點:

1. 退休後不能避免的支出,就是與健康相關的醫療保障。人到中年而身體健康,宜做好醫療保險保障。

2. 持有的資產以現金為主,其他資金應用作提供穩定入息,以及長期追通脹的組合安排,如儲蓄保險、年金和債券基金等。

3. 可以組合式安排,有機會得到穩定收益外,也有增加入息的空間。

4. 規劃未來 15 至 20 年精采的退休人生,必須建立好朋友圈。

個案九（Natalie）

職　　業：	兼職工程顧問
年　　齡：	47 歲
收　　入：	每月 $37,000
其他背景：	單身及與家人同住
理財目標：	希望自己的退休生活可以有更全面的醫療保障

　　人們愈來愈長壽乃全球趨勢，大眾亦愈來愈重視退休生活。想退休生活優質且有保障，如何安排資金是一門學問。Natalie 現只兼職工作，因親友早年患癌，大部分積蓄都用來治病，結果也只是延續了數年壽命。這經歷令她覺得必須重新審視其資產，希望退休生活可以有更全面的醫療保障。我建議她除留意自己的各項理財保障，亦可視乎自己的財政狀況，作出適當的投資，以作退休後的收益或抗通脹之用。

　　Natalie 在外國升讀大學後留在當地工作，五年前因希望可有更多時間陪伴年邁的雙親，故回到香港。Natalie 在外國時是一位工程師，考慮到單身沒有太大財政負擔，不希望工作太辛勞，故現時只擔任顧問，享受生活。然而，Natalie 的親友在三年前患上癌症，她發現醫療支出可以是很大的包袱。若需要治療癌症，更需要標靶藥物等。因此，她希望與我面談，了解如何配置現有資產，為未來退休生活作好安排。

　　親友的患病及治療經歷，令 Natalie 憂慮自己的安排是否適

當。現時她有一份 50 萬元的終身人壽保障，及附加醫療保障；一份供到 65 歲便不用再供，合共 96 萬元的危疾保險保障。兩份保單每年保費共 13 萬港元，還有一份作儲蓄用途的人壽保險，目標金額為 50 萬元。

就風險管理而言，Natalie 現有的醫療和危疾保險在其退休後的作用較大，而家人沒有財政上的問題，因此人壽方面的重要性相對較低。我建議 Natalie 應考慮如何能夠購買合適的醫療保險，特別是從美國回流香港，以往在外國的醫療保障是遠水不能救近火，在香港亦必須有適當的保障額。

Natalie 的兩份保單佔入息近三成，比例似乎太高，不過我以保障及保費的比例估算，Natalie 的人壽及附加醫療保障是一份儲蓄人壽，供款累積到未來，應可用作扣減退休後醫療保險的保費支出。此外，她需供款 10 年，總保費為 93 萬元，已經包括退休後多年的醫療保險保費需要。若該份醫療保險保障不只屬於基本水平，或並非純粹保障到某歲數，現時的供款比例又不算太高，尤其是 Natalie 現時的收入水平是兼職入息，而並非她的全職入息。

然而，我留意到 Natalie 不太了解現時的保障是否適合自己。根據統計數字，身體狀況會隨年齡增加而轉差，因此人在晚年時會用到醫療保險的機會大增，我擔心 Natalie 的保險保障不夠全面。

Natalie 亦有相同的憂慮，正考慮購買一份全面的醫療保障，更即場拿出一份某保險公司的醫療保障計劃，讓我參考。計劃包

涵「保外就醫」，即可以選擇到海外地方接受更好治療，亦可選擇不同金額的墊底費。根據有關計劃，若 Natalie 選擇了最高墊底費的安排，由 47 歲繳交保費至 99 歲，總保費支出約 185 萬元，相比現時的安排，需要更多資金，但可較有效應付未來的潛在醫療支出。以 Natalie 的財政狀況而言，此保費金額尚可負擔，故可考慮類似的安排，但要留意未來保費有機會因不同因素改變而增加，必須確保有足夠儲備應付。如果有關保險在住院保障比較全面，Natalie 維持現有危疾保障亦算適當。

綜觀而言，我認為 Natalie 未來 52 年的醫療保險保費，以及現時還未完成供款的保險計劃的保費支出大概為 345 萬元，應保存在平穩收益的工具中，不能承擔過高風險，而真正付出金額有機會降低，因可利用儲蓄計劃的收益。除了健康風險管理，Natalie 亦需要為退休生活安排應急流動資金、穩定收益及長遠追通脹的進取投資。以她現時每月 2 萬元支出估算，應該保存 24 萬元作為應急資金，扣除醫療保險保費支出和應急錢後，其餘資產應該分配在穩定收益和長遠增值兩部分。

至於穩定收益方面，以她每月 2 萬元支出來看，假如能夠製造每年 3% 的穩定入息，需要一筆大約 800 萬元的資金安排，即可應付日常開支。她可以考慮儲蓄保險、穩定派息的藍籌股和基金等理財工具，製造平衡風險與回報的組合，而年金亦是其中一種可考慮的穩定收益工具。其餘資金可以考慮分配於長遠進取工具中，

例如股票和股票基金等。

其實 Natalie 的財政狀況很充裕,她必須考慮有否需要分配更多資金於日常支出,令生活質素進一步提升。另一方面,亦應考慮有沒有任何財富傳承或轉移的需要。

現有資產(港元)		每月收支(港元)		每年保險保費(港元)
現金	700 萬	個人收入	3.7 萬	終身壽險(保額 50 萬元)+ 醫療附加保障 9.3 萬
股票	180 萬	個人支出(包括強積金供款) (2 萬)		
強積金累算權益	58 萬			危疾保障(保額 96 萬元)
債券	4 萬			3.7 萬
儲蓄壽險現金價值	50 萬			
投資物業(剛沽售)	1,350 萬			
總資產	2,342 萬	盈餘	1.7 萬	

理財重點:

1. 應考慮購買合適的醫療保險,特別是從美國回流,在香港必須有適當的保障額。

2. 未來的醫療保險保費及現時還未完成供款的保險計劃的保費,應保存在平穩收益的工具中,不能承擔過高風險,而真正付出金額有機會降低,因可利用儲蓄計劃的收益。

3. 必須留意未來保費有機會因不同因素改變而增加,要確保有足夠儲備應付。

4. 除了健康風險管理,亦需要為退休生活安排應急流動資金、穩定收益及長遠追通脹的進取投資。

5.7 已退休人士

個案十（Alice）

職　　業：	退休前是一名小學教師
年　　齡：	62 歲
收　　入：	沒有工作收入
其他背景：	單身及與母親同住
理財目標：	退休前沒有時間安排退休，擔心落後他人，甚至影響日後的退休生活

很多打工仔一生營營役役，根本沒有心機及時間投資，甚至不懂投資，於是只會儲蓄或「買磚頭」保值，但開始退休後，才懷疑是否最適當安排。Alice 是一名 62 歲的退休小學教師，退休後才發覺手上資產只有自住物業和儲蓄，甚至有點怪責自己，退休前沒有時間考慮退休安排，擔心自己落後他人，甚至影響日後的退休生活。

Alice 退休一年多，現有儲蓄及物業都是靠存款累積得來，而退休後的資產大部分來自公積金。過往多年，她沒有沾手任何股票投資，直至近期，她才購買總值 150 萬元、一筆過付款的儲蓄壽險，期望將來年紀再大的時候，能夠累積到較理想的財富。

她原本認為退休後生活不會有太大問題，但一些她曾開戶的金融機構不時聯絡及建議她作不同的安排，令她覺得「是時候制定

理財計劃」；但她又擔心因一時衝動，導致僅有的退休金有所損失。

較為謹慎的她亦曾經考慮買樓收租，感覺物業較「穩陣」，毋須擔心資產無故消失，但亦有不少憂慮。以她目前 600 萬元的現金資產，如以 400 萬元購入一個細單位出租，估計每月可收 1 萬元租金，已達到她的預期。然而，她又擔心樓價高，買入單位後可能面對樓價減值，因此密切留意何時是最佳入市時機。

我認為沒有人能夠準確預計樓市走勢，因此不清楚何時會出現樓價低位；另一方面，她期望的租金收入按樓價計算，每年收益大約 3%，若計及未能出租風險及稅款開支，最終預期回報只有不多於 3%。Alice 也認為，除非有非常好的機會，否則未必會多買一個單位。

得知 Alice 以審慎理財為目標，我於是向她了解更多生活細節，例如會否希望提高生活水平，以及有否醫療支出等，從而計算將來會否有較預期多的支出。一問之下，原來她年輕時曾患有與心臟有關的疾病，雖然手術後已經康復，但一直沒有保險公司願意承保其醫療保險。針對她的情況，由於她過往任教的學校有醫院背景，所以可優先看指定醫院的醫生和接受治療，加上其長輩身體狀況尚算可以，我建議她應保留一筆約 20 萬元的資金，作為潛在家庭醫療支出。

如她不打算購買多一個物業，亦沒有預算以外的支出，我建議可將所有資產放於能達到平穩回報的工具，包括不同期限的儲

蓄保險和債券基金等，製造一個持續入息階梯。首先，她可以先從存款中撥出未來六年的支出需要，再加一筆應急資金，總數約 150 萬元。大部分可以放在銀行作定期存款，其餘用作日常需要，確保未來六年生活有保障。

扣除上述 150 萬元之後，我建議從餘下的 450 萬元中，再撥出額外的 150 萬元，作為第二個六年計劃的生活需要。假設回報是 3.5%，六年後便有 180 萬。最後餘下的 300 萬元則作為 12 年後運用的資產，理論上回報可隨滾存時間增加。假設是 5%，12 年後的資金估計將會增加到 538 萬元，額外增加了 238 萬元，以應付她在 74 歲後的生活需要。

然而，Alice 不太擔心退休的生活費及娛樂開支，反而擔心 80 多歲的高齡母親，每月看護和生活費需要近萬元，比其使費還多，為 Alice 帶來一定心理壓力，擔心退休儲蓄不夠用。假設其現時每月 1.8 萬元的支出，每年按通脹增加 3.5%，以未用的資產能達到 4% 年回報計算，由她現時到 90 歲為止需要約 586 萬元，就算以她現有 600 萬元現金計算，亦足夠應付未來需要。

我亦提醒她，由於母親年事已高，Alice 在 10 多年後有機會毋須再負擔母親的開支需要，到時資金靈活性更大，可更有效地運用手上現金。她現時亦不時兼職代課，加上物業和儲蓄保險，足夠為她提供生活安全網。

面談到達尾聲，我看到她表情如放下心頭大石，相信為她解

決了不少較年長的退休人士都有的憂慮。

　　身為家中長女的 Alice，幸運地找到一份收入平穩和理想的教師工作，但其弟妹要為生活奔波，為子女未來的教育儲備而傷腦筋。Alice 沒有結婚，亦沒有子女，因而關心子侄們的將來。一方面想為他們提供多一份支援，但又想到自己要照顧母親，故不敢向親人明確提出幫助。

　　與我商討後，Alice 知道可將現時部分現金預留給子侄作未來教育支出，金額以不超過手上持有的儲蓄壽險保費為限；如有需要用到手上現金，雖然會影響到 12 年後的計劃，但屆時可從人壽保單中提取現金價值和紅利應付生活。以此安排，我相信 Alice 可以圓滿達成「大家姐」的責任。

現有資產（港元）		每月開支（港元）	
現金	600 萬	個人支出	(8,000)
自住物業	350 萬	母親醫療支出	(1 萬)
總資產	950 萬	總支出	(1.8 萬)

　　以上是我過去提供數百諮詢個案中的十個案例，分享的都是我親身接觸及提供建議的真實個案，但人生狀況又怎可只用十個例子來概括呢？如果讀者看過這些個案後，仍然認為未能認清個人理財需要，歡迎與我聯絡，可為你提供情理兼備的理財分析。

理財重點：

1. 建議保留約 20 萬元的流動現金作為潛在家庭醫療支出。

2. 建議可將所有資產放於能達到平穩回報的工具，包括不同
   期限的儲蓄保險和債券基金等，製造一個持續入息階梯。

3. 如購買物業製造租金收入，預期回報不多於 3%。除非有
   非常好的價格，否則未必適合。

4. 可將現時部分現金預留給子侄作未來教育支出，金額以不
   超過手上持有的儲蓄壽險保費為限。

第六章

保險理賠
與核保

有些人對購買保險存有戒心，擔心索償時得不到應有賠償。為了令大家明白有意外或疾病時，保險如何對個人及家庭發揮財政支援的作用，本章會分享一些香港保險公司的索償數據。除了證明「保險不是騙人的」，從數據中亦可以留意到一些平均賠償額，令大家知道一般人的保險保障規劃並未完善，仍有改善空間。

另外會討論到核保。從投保到索償，每一程序都有清晰步驟及重要注意事項，只要清楚明白，投保獲接納後自然能夠達到「買保險，求安心」的效果。

6.1 保險理賠市場狀況

購買保險很多時純粹求安心，不希望有需要索償；但不幸出現索償時，如得不到應有賠償金卻是令人憤怒的事情。究竟這類情況有多常出現呢？媒體間中報導一些買了保險而得不到賠償的個案，一般人看到後會認為保險公司欺騙投保人，而且保險是騙人的東西。

2019 年中，消費者委員會發表了名為《為香港個人醫療保險市場締造可持續的價值》的報告，內容提及 54% 受訪者未能獲得全數賠償，原因主要是索償超出了最高賠償金額（佔 72%），其次是索償人需要支付索賠的自付額（佔 32%）及治療項目不在受保範圍內（佔 12%）。曾經索償人士對於保險公司的決定，反應包括整體上接納保險公司未能全數賠償的解釋（佔 81%），亦有部分人因認為投訴手續太複雜（13%）及不會成功（9%）而放棄投訴。

從報告的分析可以得知，部分索償人的期望賠償額和真正獲得的賠償額存在落差，但當平心靜氣地細想，原因會否並非保險公司沒有履行合約責任，而是投保時沒有作好規劃而導致保障不足呢？以上報告提到「索償超出了最高賠償金額」是最主要不能獲得全數賠償的原因，即是所投保的保單不能應付索償人的治療支出。今日的醫療保單不少都可以全數賠償，但需多付保費，大家購買醫療保險時必須從保障額及保障範圍考慮，而不能只以保費金額決定。

我時常提醒大眾保險是一種公平的安排，購買時不要幻想像在菜市場買菜般會出現「又平又靚」的產品。設計保險產品是一個非常嚴

謹的過程，同時要平衡客戶及公司的利益，故物超所值只會出現在特別推廣時候，平常購買只會是物有所值。假如經濟能力有限而不能負擔全面保障的保單，便應該先購買基本保障，然後定期檢討，到將來增加儲蓄及收入後，立即增加保障。至於「索償人需要支付索賠的自付額」，其實是支付保費的承諾的取捨，自付額愈高，保單的總保費愈低。因此，購買醫療保險的金錢付出，應該是每年繳付的保費和出現索償時需要自己承擔的自付額的總和。從理財策劃角度來說，只需準備一筆應急錢應付最高可選擇的自付額，便能夠明顯降低每年支付的保費。由於保費是需要在整個受保期支付，年期可以是數十年，所以高自付額的安排是控制保費支出的有效策略，但不要事後出現索償時忘記最初的考慮及安排。最後，「治療項目不在受保範圍內」而導致不得獲取全數賠償是產品設計的問題。投保時不要以為不同保險公司的產品保障都一樣，不妨多參考保險公司的索償報告中的主要索償疾病及賠償額，然後按個人需要購買。當然，較多人出現的疾病不代表自己也會患上，純粹多一個參考。

不滿賠償而提出投訴的情況又如何呢？根據保險投訴局最新年報資料，2019 年共處理了 749 宗投訴個案，引起最多索償糾紛的兩類保險產品分別是住院 / 醫療保險，以及人壽 / 危疾保險。在 361 宗已審結的索償相關投訴個案中，79 宗是保險公司與投訴人達成和解，188 宗表面證據不成立，59 宗是投訴人撤銷投訴，餘下 35 宗交由投訴委員會審理，並裁定 10 宗個案的投訴人得直而獲得賠償，而贊同保險公司賠償決定的個案有 25 宗。獲得保險公司賠償所涉及的金額共 680 萬港元，由和解而獲得的金額則有 627 萬港元，其餘則是投訴得直個案的賠償額共 61 萬元。

保險產品已有數百年歷史，並經過長時間觀察及評估，屬於騙局的機會極低。除了那些引人注目的負面報導外，大家又有多了解正面的賠償狀況呢？我以幾家香港知名保險公司的索償報告為例，列出數據，讓大家多了解一般保險公司的索償情況。

表 6.1：五家香港保險公司於 2019 年的索償數據

保險公司	理賠類別	醫療	危疾	意外	人壽
A	宗數	94,000	3,000	6,000	2,000
	理賠額（HK$）	14 億	18 億	4,800 萬	11 億
	平均理賠額（HK$）	14,600	602,000	8,000	549,000
B	宗數	144,000	2,200	94,000	
	理賠額（HK$）	32 億	9 億	4 億	
	平均理賠額（HK$）	22,200	403,000	4,300	
C	宗數	94,000	1,300	23,000	2,100
	理賠額（HK$）	18.1 億	5.3 億	9,300 萬	8.8 億
	平均理賠額（HK$）	19,300	409,000	4,100	419,000
D	宗數	15,000	250	11,500	630
	理賠額（HK$）	2.6 億	8,900 萬	3,100 萬	1.8 億
	平均理賠額（HK$）	17,300	360,000	2,700	284,000
E	宗數	3,000	70		899
	理賠額（HK$）	4,400 萬	2,000 萬		4.3 億
	平均理賠額（HK$）	14,700	273,000		478,000

註：圖表中的數字取自各保險公司的 2019 年索償報告，因只是作參考用途，所以數字採四捨五入並以百位或千位表達，並非與報告的數字完全一樣。

雖然只包括了五家保險公司的數據，規模不一。然而，在 2019 年，單是處理了的醫療理賠個案已經有 35 萬宗，賠償總額超過 67 億港元；處理了的危疾理賠個案有近 6,800 宗，賠償總額超過 33 億港元。香港有超過十家積極經營醫療、危疾、意外及人壽的保險公司，參考以上數字，可想而知 2019 年牽涉的賠償金額一定超過 150 億，真正獲得賠償的人數遠遠超過保險投訴局提到的一年投訴宗數。另外，根據報導，食物及衛生局副秘書長方毅稱，截至 2019 年 12 月 31 日，自願醫保計劃共有 2.6 萬宗索償個案，當中約 2.5 萬宗成功索償，即約 96%。在被拒絕索償的 1,000 宗個案中，主要原因包括就保障範圍以外的治療提出索償，例如門診診症、傳統中醫治療等，又或者是索償項目屬於投保前已知及已披露的疾病、索償表格不完整、欠缺收據正本等。

在上表中，我將各類理賠類別都計算出平均理賠額，讓大家明白真正出現索償時的賠償狀況。每宗醫療理賠平均金額是 14,600 至 22,200 港元，這可能只足以應付一般小手術的支出，故有保障也不代表有足夠保障。至於危疾方面，平均理賠金額是 273,000 至 602,000 港元，以癌症為例，治療包括診斷與手術、化學療法、放射療法、和其他療法如標靶治療和免疫療法等，即使是上限 602,000 港元也只能應付一般癌症治療每年費用的一半到三分一。還有人壽保障，平均理賠金額為 284,000 至 549,000 港元，假如某家庭經濟支柱突然早逝，由於其生前有人壽保障而獲得 55 萬港元理賠，這筆錢可幫補家庭生活多久呢？

因此，大家看到這些數字時，除了注意到不同保險公司的理賠分佈有所不同，但共通點是會履行保險合約精神而作出賠償，而另一共

通點則是平均理賠額不足。然而，數字顯示的是過去式，好的方面是索償人可以獲得理賠金作補償，不好的則是金額不足，已沒有機會獲得更大保障。大家應該立即檢討現有保障是否同樣不足，有否需要加大保障額至心安水平。

平心而論，任何行業都有機會出現良莠不齊，大家不要只着眼負面資訊，而忽略大部分正面消息，更不要因此而影響了應有的保險安排。保險能夠提供保障不容置疑，問題是如何能夠確保索償時得到賠償，這可能與投保時的申請程序有關。因此，投保時切記不要因為價格低、時間快及不用披露資料而投保，需要愈多程序，反而可能愈有保障。

6.2 了解核保，增強保障

保險核保的目的是確保每位準受保人能夠得到公平及一致的評估，保險公司收取合理保費後能夠為客戶提供合適的保障。影響核保結果的因素主要有三方面，分別是投保人的工作性質、財政狀況及身體狀況。

一般來說，投保人從事的行業所涉及的危險性愈高，投保時可能需繳付較高保費，甚至不能購買某些保險產品。由於職業是釐定保費的主要因素，受保人轉換職業後亦必須通知保險公司，以便更新資料，以免影響日後索償或令保障失效。保險公司會有一份職業名單來評估各行各業的風險。

人命無價，投保時不會以實際支出來決定人壽保障額，但核保時卻會考慮一個人有多「值錢」，這便是財務核保。保險公司一般會以投保人的工作收入及資產來評估當事人可申請的保障額，因要評估未來支付保費的能力，所以沒有固定收入的人士能買到的保障額便相對較低或有所限制。另一方面，因早逝而失去的未來收入也是重要考慮。將來會是飛黃騰達，還是生活潦倒，相信要到時才知道，但投保時的財政狀況決定了可獲得的保障額。因此，能買多大保障便應買多大，當然是先計算需要才決定。

投保時及過去的身體狀況對核保有非常重要的影響。核保時會考慮投保人的身體健康狀況，以及影響健康狀況的因素，包括年齡、性別、體格、個人生活習慣、駕駛經驗、以往及現時有否任何患病紀錄

和家族遺傳等。

經過內部核保程序後，核保結果可以是接受申請、拒絕申請，或是接受申請但要按風險改變而調整保費，通常都是增加保費。此外，亦有可能是接受申請且保費不變，但需要增加條件，例如某些疾病或由指定疾病導致的其他疾病都屬於除外責任，即是收窄保障範圍。有些人認為保費相同但保障少了「唔着數」，故取消投保申請，但我認為投保人可嘗試申請其他保險公司的同類產品，如果結果一樣，代表獲得保險公司理賠的機率較一般人高，即患病風險較高。保險是轉移風險的工具，如果不把握可投保時機，做好風險管理，將來出事便後悔莫及。

由於職業、財政及健康狀況是可變的，所以趁各項都能符合資格時便應該安排適當保障；相反，假如今天不獲接納投保、增加保費，或出現除外責任的限制，也毋須擔心。將來任何狀況改變時，可以再與保險公司商討，看如何調整保費來反映最新狀況。

核保是一門不簡單的學問，不要誤會只要投保時不披露影響核保決定的問題，到保單批核後便是「過了海便是神仙」。有些投保人在申請保險計劃時可能因無心之失，到索償時喪失了保障。例如，保險投訴局在 2019-20 年報中提到某投訴個案，正是因投保時的疏忽失誤而導致有保單卻沒有保障。

個案中的受保人向保險公司購買危疾保障時，在投保申請書上申報了四年前曾接受手術，以及四個月前因病入住內地私家醫院。保險公司考慮其病歷資料後，以標準條款發出保單。兩年後，受保人因癌症而入住私家醫院，隨後向保險公司提出索償。然而，保險公司在調查索償時，發現受保人在投保前一年內因其他疾病於門診求診。保險

公司最終以沒有披露重要事實為原因，拒絕受保人的索償申請，並撤銷保單。受保人解釋沒有披露門診求診的原因是認為病況輕微，但投訴委員會從門診的醫療紀錄得悉，受保人在投保約一年前已被確診患病，並曾接受相關測試。投訴委員會支持保險公司以沒有披露重要事實為理由，拒絕賠償危疾保障，並利用這個案提醒有意投保人士，如不確定甚麼事實需要披露或甚麼是重要事實，最好還是加以披露。不要假設不被揭發便可以，因沒有提供重要事實而令保險公司的核保出錯，即使已發出保單，日後發現投保時有不當行為，亦可取消保單。上述個案的詳細內容請參考保險投訴局的 2019-20 年報。

在現時最普遍的個人保險產品中，並非所有都需要核保，主要是由保險公司所評估的風險情況來決定，例如一些人壽保障額很低或是以儲蓄為主要用途的人壽保險單，通常都會豁免核保。針對比較年輕的投保人，如保障額不高，部分醫療及危疾保險計劃都只要求簡易核保，回答數條問題便能夠通過。投保人因程序簡單而更容易下決定，而保險公司在風險可控下能多做生意，是雙贏的安排。

根據媒體報導，自願醫保計劃在 2019 年 4 月推出，截至 2020 年 3 月底，一年間簽發了 52 萬張保單，當中需要核保的有 36 萬人，最終有 1.3 萬人被拒保及 3.4 萬人獲有限度承保或增加保費，共佔核保人數約 13%，主因是年紀過高及身患疾病，令保險公司認為無法承受有關風險。在此需再次強調，購買保險的最佳時機必然是健康及年青的時候，否則將來想買也未必可以。

為了令投保人減少投保時的問題，香港保險業聯會在 2020 年 10 月公佈設立《個人償款住院保險核保問卷標準化的最佳行業準則》，提供 17 道核保問題，供保險公司自願採用。食物及衛生局支持保聯

公布推出的標準核保問卷,相信這可加強對消費者的保障和提高市場透明度,切合自願醫保的目標,並鼓勵自願醫保的產品提供者開始採用。在 2021 年年底後,所有自願醫保的產品提供者在處理自願醫保計劃認可產品的新申請和轉移申請而收集健康相關的資料時,必須採用這份標準核保問卷。

核保問卷準則建議,縮短大部分與已存在疾病相關問題的披露期,並以五年為上限。若五年前患上有關疾病,並已完全康復及毋須進一步治療和跟進,則投保人毋須披露。針對一些重大或長期疾病,例如癌症、心臟疾病及關節炎等,不設披露期。準則亦建議核保問卷的大部分問題採用是非選擇題、限制核保問題範圍,以及清楚闡明申請人需要披露的資料,有需要才再提供額外資料。

總結
——挑選專業保險顧問

在本書與大家分享很多與個人保險有關的事情，包括甚麼是風險、風險管理與保險的關係、不同的個人保險方案、不同人生階段的保險需要及規劃，還有一些實例應用。一般人通常都是看似明白，但到執行時卻困難重重，因此有一位可信賴及專業的保險顧問協助絕對能夠減少犯錯的機會。

香港有超過十萬位持牌保險中介人，相信沒有任何一位保險顧問會說自己不專業吧？那大家又怎樣能夠找到適當人選呢？

根據保險業監管局發出的《持牌保險代理人操守守則》中列明八項一般原則，是保險顧問需要遵守的重點，確保客戶受到公平對待，利益得到保障。分別是：

1. 誠實及持正。保險顧問應行事誠實、有道德及持正。
2. 公平行事並符合客戶的最佳利益。保險顧問應持續公平地對待客戶，並以其最佳利益行事。
3. 以謹慎、技巧和努力行事。保險顧問應以謹慎、技巧和努力行事。
4. 勝任提供意見。保險顧問應具備適當程度的專業知識和經

驗，及只可進行該代理人所勝任的受規管活動。

5. 資料披露。保險顧問應向客戶提供準確及充足的資料，使客戶得以作出知情的決定。

6. 意見的合適性。保險顧問的受規管意見應適合客戶，並考慮到其客戶情況。

7. 利益衝突。保險顧問應盡其最大努力避免利益衝突，而在無法避免該等衝突的情況下，該代理人應透過適當披露管理該些衝突，以確保客戶在任何時間均受到公平對待。

8. 客戶資產。保險顧問應設有足夠保障措施以保護從客戶接收到或代其管有的客戶資產。

以上的一般原則是必然正確及所有保險顧問都會遵守，但實務上又應怎樣評估他們是否已達到指標呢？

我會建議大家可以用以下的一套標準來評估保險顧問的工作能力及態度，我簡稱為 INSURANCE 規則，其實是抽取九種行為或態度的英文字的第一個字母，並串連一起，讓大家更容易記得。以下是這九點的簡介：

- Impartial：日常工作及和你溝通時，保險顧問需要公正及無偏見；

- Nurturing：保險顧問在提供服務過程時，亦要促進及培養客戶的理財能力，令他們可以成長及成功。如果在購買保險過程中不知道有關計劃的用處，便要自我檢討，應該為自己的將來負責，保險顧問應要協助你成長而不是為你作決定；

- Systematic：保險顧問工作時必須有系統，否則很容易忽略了客戶的全面理財目標及需要；

- **Unique**：保險顧問必須表現出對客戶的理解，明白每個客戶都是獨一無二及與眾不同的，服務時不能「交行貨」；
- **Review**：如保險顧問做成生意後便失蹤，半年至一年內都沒有聯絡客戶，協助檢討財富組合狀況，又或是有新產品推廣時才找你，便毋須對他有期望了；
- **Attentive**：保險顧問在聆聽客戶說話時必須認真及專心，他是否只忙著說自己想說的內容而沒有留意你的反應呢？又或是你說話時，對方時常忙於回覆手機訊息？
- **Numerate**：保險規劃牽涉計算保障及評估現金流等問題，如對數字的敏感度不足便難以提供專業服務；
- **Continuing Development**：持續進修是保險顧問工作的一部分，因為不論產品、環境和需求等都在持續改變，不準備好便被取代。一個對學習馬虎及不求進步的保險顧問，你認為對方有能力協助你及家人管理未來數十年的風險嗎？
- **Empathetic**：具有同理心的保險顧問能站在客戶的立場，思考他們希望得到甚麼服務及有甚麼感受，透過行動令客戶產生共鳴，感受到對方的真誠，自然會更信任，更容易在規劃上達到共識。

最後，希望讀者可以利用書中知識，為個人及家庭管好風險，達到富足人生的目標。